MOEL TRYFAN
I'R TRAETH

Argraffiad Cyntaf: Awst 1983

*Dymuna'r cyhoeddwyr ddiolch i
Gareth Haulfryn Williams
am ei wasanaeth parod
yn paratoi'r deunydd.*

*Cysodi: Mei
Argraffu: Argraffdy Arfon*

*Cyhoeddwyd gan:
CYHOEDDIADAU MEI,
Penygroes, Caernarfon, Gwynedd.*

MOEL TRYFAN
I'R TRAETH

ERTHYGLAU AR HANES PLWYFI
LLANWNDA A LLANDWROG

W. GILBERT WILLIAMS

CYHOEDDIADAU MEI

RHAGAIR

Ω

GANED William Gilbert Williams yn Nhŷ'r Capel, Rhostryfan yn 1874, yn fab i John a Catherine Williams. Yn y man, tyfodd y teulu nes bod yna saith o blant. Chwarelwr oedd ei dad yn chwarel y Cilgwyn, ac yn ôl safonau'r oes fe dderbyniodd yntau addysg eithaf da er iddo ddechrau gweithio yn y chwarel cyn ei ben-blwydd yn ddeg oed. Cawn ddarlun clir o'r cartref yn Nhŷ'r Capel (ac wedi hynny yn Nhal-y-bont, Rhostryfan) ar dudalennau cyntaf hunangofiant John, brawd hynaf Gilbert Williams, sef *Hynt Gwerinwr*, ac felly nid oes angen ailadrodd y ffeithiau yma. Mae'n eithaf amlwg o'r llyfr hwnnw, beth bynnag, fod John y tad yn ddyn hynod o ddiwylliedig hyd yn oed ymysg chwarelwyr deallus Arfon, gydag awch am bob peth llenyddol, cerddorol a chrefyddol o safon. Yn fwy na hyn, bu Catherine y fam yn ddylanwad cryf ar ei phlant; wedi rhai blynyddoedd o weini yn Lerpwl daeth adref yn wraig i John Williams, a chawn yn llyfr ei mab hynaf ddarlun byw o wraig ddarbodus a diwylliedig.

Nid oes gofod yma i helaethu ar yrfa awdur yr ysgrifau sy'n dilyn. Digon yw dweud, efallai, iddo fanteisio i'r eithaf ar ei gychwyniad mewn cartref deallus os tlawd, ac mae'n amlwg iddo gael ei fagu i fawrygu ei fro enedigol — agwedd a rannodd gyda'i frawd, a ddywed yn *Hynt Gwerinwr*, 'Rhagorai Rhostryfan a'i bobl ar bawb a phobman'. Gwasanaethu ei ardal oedd nod uchaf bywyd Gilbert Williams; ac yntau prin dros ei un ar hugain oed cafodd swydd fel prifathro cyntaf ysgol newydd Felinwnda, yng ngwaelodion ei blwyf genedigol, ac yn 1918 symudodd i brif ysgol y plwyf, yn ei bentref ei hun, sef Rhostryfan, lle y bu

i

nes iddo ymddeol yn 1935. Ymysg y swyddi gwirfoddol a ddaliai gydag urddas, yr oedd yn gynghorydd sirol ac yn flaenor mawr ei barch yn Horeb; ond yng nghyd-destun y gyfrol hon, rhaid nodi'n arbennig iddo fod y tu ôl i'r symudiadau cyntaf tuag at sefydlu archifdy yn y sir. Ef oedd un o sylfaenwyr Cymdeithas Hanes Sir Gaernarfon, ac fe gafodd radd M.A. er anrhydedd gan y Brifysgol am ei ymchwil ddiflino ym maes hanes lleol. Bu farw ar ôl oes hir o wasanaeth i'w fro enedigol ym mis Hydref 1966, ac yntau'n 92 oed.

Er mawr syndod mewn gwlad lle rhoddir cymaint o sêl ar hanes a thraddodiadau'r genedl, ychydig o haneswyr lleol da sydd i'w cael yng Nghymru, a ffodus yw'r plwyf lle mae cyfrol ddibynadwy am hanes y fro ar gael. Nid sôn yr wyf am y cofiannau a'r atgofion sy'n britho silffoedd pob llyfrgell — y mae iddynt eu lle, ond rhaid hefyd wrth waith mwy academaidd, yn seiliedig ar wybodaeth eang o hanes ac ymchwil manwl, os ydym am gael darlun cyflawn o orffennol ein bro. Nid yw hyn yn gyfystyr â dweud fod rhaid i lyfr ar hanes lleol fod yn sych neu'n uchel-ael. Ac yng ngwaith Gilbert Williams cawn enghraifft berffaith o waith yr hanesydd lleol ar ei orau. Rhoddai bob gwrandawiad a sylw i'r hyn a glywai gan hen drigolion ei blwyf, ond rhaid wedyn oedd cadarnhau'r ffeithiau trwy gyfeirio at ddogfennau; wedyn fe ysgrifennai'r hanes mewn Cymraeg rhywiog (er efallai yn flodeuog yn ôl ffasiwn heddiw) ac mewn dull y gallai pawb ei ddeall yn rhwydd — a gellid dadlau mai cynnyrch darllenadwy a difyr yw marc yr hanesydd sydd yn wir feistr ar ei grefft.

Gellir dyfalu o ddarllen llawer o'i waith mai oes y Tuduriaid a'r ail ganrif ar bymtheg oedd ei hoff gyfnodau, er iddo roi'r un sylw i bob cyfnod yn hanes ei fro, o'r oesoedd cyn-hanesyddol hyd ddyddiau ei febyd; ac yn wir, yr oedd yn ymchwilydd heb ei ail, mewn dyddiau cyn bod cyfleusterau hwylus ar gael. Teithiai i'r Llyfrgell Genedlaethol, i Goleg Bangor, ac i'r Archifdy Gwladol yn Llundain i chwilota am dystiolaeth, ac âi yn fynych i seleri Swyddfa'r Sir i dyrchu trwy'r pentyrrau o ddogfennau Llys Chwarter a oedd, y pryd hynny, yn gwbl ddi-drefn, gan nad oedd archifydd eto wedi'i benodi yn y sir.

Fel enghraifft o'i ddiwydrwydd dihafal, gallaf adrodd un stori fach. Yr wythnos cyn i mi ysgrifennu'r geiriau hyn, bûm wrthi yn fy ngwaith yn yr Archifdy yn didoli swp o femrynnau oedd heb eu catalogio, a deuthum ar draws rhai gweithredoedd o'r 1560au sy'n ymwneud â Melin Cil Tyfi — hen felin ar lan afon Wyled ger fferm Cefn Hendre yn y Dolydd, melin a oedd y pryd hwnnw yn eiddo i deulu Gwydir. I bob ymddangosiad nid oedd neb erioed wedi sylwi ar y dogfennau hyn o'r blaen; ond y noson ganlynol, yn gwbl ddamweiniol, trawais ar nodiadau gan Gilbert Williams a oedd yn profi ei fod yntau wedi gweld yr un dogfennau hyn, tua 1930. O'r cannoedd o filoedd o ddarnau o bapur a memrwn a oedd gynt yn seleri'r Cyngor Sir ac sydd bellach yn yr Archifdy, yr oedd wedi llwyddo i ddarganfod rhai o'r dogfennau pwysicaf sydd â chyfeiriad ynddynt at Lanwnda yn y cyfnod hwnnw.

Gall chwilota ynddo'i hun ddigoni awch yr hynafiaethydd, gyda'i gywreinrwydd cynhenid a'i ddiddordeb personol. Ond rhaid i'r hanesydd cydwybodol fynd un cam ymhellach a threfnu'r wybodaeth sydd wedi dod yn sgîl yr ymchwilio, gan geisio dehongli'r wybodaeth honno, a'i gosod ar bapur ar gyfer y cyhoedd. Roedd Gilbert Williams yn sicr yn hanesydd o'r iawn ryw, ac fe ofalodd fod ei waith ymchwil yn cyrraedd sylw pobl Arfon. O ddechrau'r ganrif ymlaen, ymddangosodd erthyglau o'i eiddo mewn cylchgronau fel y *Cymru* coch, neu bapurau lleol fel *Y Genedl* a'r *Herald* ac fe gyhoeddwyd nifer o'r erthyglau hyn ar ffurf pamffled wedyn. Lle nad oedd y gwaith yn addas i'w gyhoeddi felly, byddai'n mynd ati i deipio ychydig o gopïau a'u rhwymo ar ffurf pamffled, ac fe argraffodd nifer o lyfrau bychain ei hun, rhai ar beiriant argraffu syml a rhai ar beiriant dyblygu. Dichon yn wir fod ei lyfr bach *Rhostryfan — Cychwyniad a Chynnydd y Pentref* yn un o'r llyfrau prinnaf yn yr iaith Gymraeg, gan mai fersiwn cyfyngedig o 22 copi yn unig a gynhyrchwyd — ailargreffir testun y llyfr yn y gyfrol hon. Nid cynhyrchu llyfrau cain oedd ei fwriad, wrth gwrs, gan fod y llyfrau hyn wedi eu hargraffu'n ddigon amrwd ar bapur sâl; lledaenu hanes y fro i'r trigolion ac yn arbennig i'r plant yn yr ysgol oedd y nod, ac yn hyn o beth fe lwyddodd i wneud yr hyn a geisiai.

Os oedd diffyg yng nghymeriad Gilbert Williams fel hanesydd, efallai mai gorwyleidd-dra oedd y bai hwnnw. Prin y gellid gobeithio diwallu angen pobl yr ardal am hanes eu bro trwy ddwyn o'r wasg breifat gopïau mor brin o'i waith, ac erbyn hyn mae'r ychydig gopïau sydd ar gael wedi mynd i'r llyfrgelloedd, neu i ddwylo casglwyr llyfrau, a bu angen dirfawr ers amser maith am argraffiad newydd o rai ysgrifau. Yng ngoleuni hyn, mae diolch mawr yn ddyledus i gyhoeddwyr y gyfrol hon am eu gweithgarwch, a dylwn nodi mai braint arbennig i mi oedd cael cais ganddynt i hel y casgliad at ei gilydd. Ceir awgrym yma ac acw yn yr ysgrifau sy'n dilyn fod Gilbert Williams wedi bwriadu ysgrifennu cyfrol yn dweud hanes plwyfi Llanwnda a Llandwrog, ond am ryw reswm neu'i gilydd, ni wireddwyd ei obeithion. Dichon ei fod yn teimlo o hyd fod rhyw ffynonellau eto heb eu gweld, ond nid oes modd, bellach, i ni wybod paham nad aeth ati. Yr hyn yr wyf i wedi ceisio ei wneud yw llunio cyfrol a rydd hanes y ddau blwyf o'r Oesoedd Canol hyd ddechrau'r ganrif hon, trwy ddefnyddio erthyglau ac ysgrifau Gilbert Williams. Prin fod hyn yn cyflawni ei obeithion ef, ond eto dyma'r gorau y gallwn ni, drigolion y ddau blwyf, obeithio amdano bellach, nes daw hanesydd lleol arall i ddilyn yn nhraed Gilbert Williams, a rhoi i ni y stori'n gyflawn.

Gwelir, o restr y cynnwys, darddiad yr ysgrifau sydd wedi cael eu casglu ynghyd yma. Mae rhai ohonynt wedi eu cyhoeddi o'r blaen mewn cylchgronau neu mewn pamffledi prin eu cylchrediad, ond cefais hyd i'r fhan fwyaf ohonynt ymysg papurau'r awdur sydd i'w gweld yn Archifdy Caernarfon. Mae'r ysgrifau wedi eu hatgynhyrchu yma fel y'u hysgrifennwyd gan yr awdur, gyda dau eithriad: yma ac acw, ceir nodyn diweddarach gan yr awdur yn cywiro rhyw ffaith neu'i gilydd, ac fe ymgorfforwyd y cywiriadau hyn yn rhediad y testun; ac fe newidiwyd peth o orgraff yr ysgrifau cynnar er mwyn sicrhau cysondeb trwy'r llyfr ac er mwyn hwyluso rhywfaint ar waith y darllenydd. Penderfynwyd hefyd peidio â chynnwys dim o'i ysgrifau ar gyfnod cynnar y fro, gan fod dulliau soffistigedig archaeoleg fodern wedi ychwanegu cymaint at wybodaeth am y cyfnod hwnnw, ac fe geir y wybodaeth honno mewn cylchgronau a llyfrau arbenigol. Dylid cofio hefyd am ei gyfraniadau gwerthfawr i *Gylchgrawn Hanes Sir Gaernarfon*; gan fod y rhain ar gael yn bur rwydd, ni chynhwyswyd dim ohonynt yma.

Fel y nodais eisoes, rhaid diolch yn gynnes i'r cyhoeddwyr am eu gweledigaeth a'u cymwynas â'r fro trwy ddod â'r llyfr hwn i olau dydd. Hefyd hoffwn nodi fy niolch i Argraffdy Arfon am eu gwaith glân a thaclus. Ond yn bennaf oll, rhaid diolch yn gynnes iawn i deulu'r diweddar Gilbert Williams, ac yn arbennig felly i Miss Nesta Williams, Bryn Melyn, am gytuno mor barod i'r gyfrol hon gael ei chyhoeddi. Mawr yw dyled yr holl fro iddynt am eu haelioni.

DOLYDD   GARETH HAULFRYN WILLIAMS

CYNNWYS

HEN SEFYDLIADAU CREFYDDOL

BYWYD CYMDEITHASOL

HANES YMNEILLTUAETH

NODIADAU COFIANNOL

RHEDYNOG FELEN

Ω

O DRO I DRO, wrth ddarllen a chwilio tipyn ar hanes y dyddiau gynt, daethum ar draws enw Rhedynog Felen, a chan fy mod yn ennill fy mara beunyddiol yng nghymdogaeth y lle, teimlwn lawer i ddiddordeb ynddo, a thybiais mai nid anfuddiol fyddai i mi gasglu at ei gilydd bob peth a wybûm am y lle. Efallai na fydd y gwaith yn ddiddorol i eraill, ac na fydd llawer o drefn arno ychwaith; ond hwyrach y bydd iddo rwyddhau gwaith y rhai hynny gymer mewn llaw sgrifennu hanes ein gwlad oddi wrth hanes y gwahanol ardaloedd a chymdogaethau a berthyn iddi. Y mae hanes rhai siroedd, yn enwedig yn Lloegr, wedi ei sgrifennu'n barod, a hynny yn ystod y ganrif bresennol; ac y mae'n ddiau y daw'r dydd y gwneir yn gyffelyb â holl siroedd Cymru. Y mae llawer o hanes cyffredinol wedi ei sgrifennu eisoes, un ai gan deithwyr ar ddull Thomas Pennant, neu ynte gan olygwyr ar ddull *Cymru* Owen Jones. Y mae twysged o hanes lleol — hanes plwyfol a chymdogaethau, megis *Cyff Beuno* gan Eben Fardd — wedi ei sgrifennu hefyd, ac y mae digon o le i fynd ymlaen gyda'r gwaith hwn yng ngwahanol rannau'r wlad. Yn wir, gellir dweud mai hanes lleol ddylai fod yn sail i'r hanes cyffredinol. Am resymau neillituol, ychydig o hanes eglwys y plwyf a ddysgir yn ysgolion ein gwlad, ac eto o'r braidd y ceid dim gwell i egluro'r cyfnodau pwysicaf yn hanes ein gwlad. Ni sonnir llawer ychwaith am y maenolydd, a'r cymydau a'r cantrefi oedd yn rhaniadau mor bwysig yn ein gwlad ar un adeg. O'r braidd hefyd y gellir dysgu am y chwyldroad diwydiannol a ddigwyddodd yn ein gwlad yn ystod yr wyth ugain mlynedd diwethaf oni ddysgir am y diwydiannau a feddai pob aelwyd a phentre yn nyddiau ein teidiau a chyn hynny.

Y mae gan haneswyr cyffredinol a golygyddion eu hanfanteision a'u profedigaethau; ni feddant wybodaeth drylwyr am bob rhan o'r wlad, ac ni wyddant na'r pryd na'r modd i gywiro ysgrifenwyr a aeth o'u blaenau. Yn ddiweddar, darllenais lawer ar lyfrau teithwyr a fu trwy Ogledd Cymru yn ystod y can mlynedd a hanner diwethaf, ac yr oedd yr hanes a roddid i'r parthau y gwyddwn orau amdanynt yn dra diddorol. Ac eto, ni allwn lai na theimlo mai ailadroddiadau ydyw llawer o'r llyfrau hyn — y naill deithiwr yn dod ar ôl y llall, yn ymgydnabyddu â'r hyn a ysgrifenasid o'r blaen ac yn dyfynnu llawer o hynny. Pan ddigwyddai camgymeriad yng ngwaith y teithiwr cyntaf, ond odid na cheid yr un camgymeriad yn llyfrau'r cwbl o'i ddilynwyr, ac yn aml iawn elai'r camgymeriad, fel caseg eira, yn fwy wrth dreiglo i lawr. Pe buasai gan y teithwyr hyn wybodaeth leol fanwl, y mae'n ddiau y gallasent ymgadw rhag aml amryfusedd a heresi. Gallaswn nodi amryw o'r camgymeriadau y cyfeiriwyd atynt, ond nid dyna'n hollol fy mhwnc ar hyn o bryd. Dweud yr oeddwn y dylid ysgrifennu'n gywir am y gwahanol ardaloedd i ddechrau; oddi ar hynny ysgrifenner hanes y siroedd, ac ar egwyddor y ddihareb sy'n dweud "Cymer di ofal am y ceiniogau ac fe ofala'r punnoedd amdanynt eu hunain", fe ofala'r hanes cyffredinol amdano ei hun.

Wedi ymdroi gyda'r pethau uchod, symudwn bellach yn fwy uniongyrchol i gyfeiriad ein testun. Saif Rhedynog Felen ryw dair milltir a hanner i'r de-orllewin o dre Caernarfon, ac yn y rhan isaf o blwy Llanwnda, yng ngolwg Morfa Dinlle a chyrion de Môn. Yn bresennol ceir yno ffermdy lled newydd, ac ar ei bwys dŷ arall hynafol — tŷ ag y mae ei faint a'i ffurf yn tystio iddo fod ar un adeg yn lle o bwys. Ar ei wyneb ceir carreg o dywodfaen llwyd, ag arni'n doredig:

1673
I
L A

Ac o ddehongli hynny yn ôl arfer y dyddiau gellir dweud mai rhywrai ag enwau cyffelyb i Lewis ac Anne Jones oedd yn byw yno yn y flwyddyn a nodir. Hyd amser codi'r tŷ newydd, ryw ddeunaw mlynedd yn ôl[1], yr oedd yr hen dŷ'n drigiannol, ond yr oedd y gogoniant a berthynai iddo gynt wedi llwyr ddiflannu. Eithr nid at yr hen dŷ na'i breswylwyr y mae ein sylw'n awr, ond yn hytrach at amser llawer boreuach.

Fe all nad yw'r fro yn hollol ddigysylltiad â dyddiau'r Mabinogi; y mae'n gorwedd rhwng "maenor Penardd a maenor Coed Alun" y sonnir amdanynt ym Mabinogi Math fab Mathonwy, ac nid yw Dinas Dinlle ymhell, na Chaer Aranrhod. Ond y mae traddodiad yn ddistaw am berthynas Rhedynog Felen â'r dyddiau hynny, ac er fod Dinas y Prif yn ymyl ac o fewn i derfynau hen "dre Rhedynog", ni welais gyfeiriad at y lle yn gynharach na diwedd y ddeuddegfed ganrif. Hwyrach y dylesid cofnodi un traddodiad lleol ynglŷn â'r ardal, sef yw hynny, fod Owen Glyndŵr wedi arfaethu codi ysgol o fewn terfynau Rhedynog Felen. Ryw dro gwelais dystiolaeth oedd yn tueddu'n gryf i gadarnhau'r traddodiad, ond bûm mor amryfus ar y pryd â pheidio cofnodi'r dystiolaeth, a byth oddi ar hynny methais â chofio beth oedd, nac ychwaith ym mha gysylltiad y gwelais hi. Efallai y daw'r dydd y ceir goleuni pellach ar y pwnc.

Yn llyfr y Parch. T. Mardy Rees, *Mynachdai Cymru*, a gyhoeddwyd flwyddyn neu ddwy yn ôl, cawn ar dudalen 26 nodiad fel hyn (dyfyniad o *Frut y Tywysogion*):

> "Yn y flwyddyn honno (sef 1180), o amgylch mis Gorffennaf y daeth coveint *(records)* Ystrad Fflur i Redynawg Felen yng Ngwynedd."

Yn anffodus y mae'r gair Saesneg 'records' wedi ei ddodi i mewn yma'n hollol afreidiol; ac heblaw bod yn afreidiol, y mae'n gamarweiniol. Gadawer y gair allan a dealler ystyr 'coveint' fel 'convent' y Saesneg.

Ar dudalen 42 o'r un llyfr, nodir gwerth trethiannol gwahanol leoedd a berthynai i Fynachlog Aber Conwy, ac yn eu plith gwelwn:

> "Itm. Redinoc Velyn .... xxvj.s. viij.d." (£1 6s. 8c.).

Oherwydd anfantais o fath a nodwyd gennym yn barod, y

mae Mr Rees wedi camgymryd ynglŷn â Morfa Dinlle, gan y gwelwn ar dudalen 35 ei fod yn dweud:

"Ymysg tiroedd waddolwyd ganddo (Llywelyn ap Iorwerth) cawn
... hefyd Morfa Dinllaen yn agos i Nefin."

Tybiaf mai Mr Rees ei hun biau'r ymadrodd "yn agos i Nefin", ac ymadrodd cyfeiliorn ydyw. Y ffurf sy gan Dugdale ar Morfa Dinlle yw 'Morna Duillen' — enw sy'n cyfateb, llythyren am lythyren, â Morva Dinlleu (y mae'n debyg mai Morua Dinlleu oedd y ffurf yn y llawysgrif y copiai Dugdale ohoni). Fel y cawn weled yn nes ymlaen, enwir tir yn ymyl Morfa Dinlle ymhlith y tiroedd a berthynai i Fynachod Aber Conwy, ond nid oes gennyf gyfrif bod tir ym Morfa Dinllaen (os oes y fath le) nac ym Morfa Nefyn wedi ei drosglwyddo iddynt.

Daw ein dyfyniad nesaf allan o Siarter Mynachlog Aber Conwy, fel y'i ceir ym *Monasticon* Dugdale — y dyfyniad wedi ei rwydd Gymreigio gennym:

"Hefyd rhoddais a chadarnheais i'r unrhyw fynachod, Redenocuelen, yn ôl y terfynau isod; o'r fan lle y rhed afon Karroc agosaf at ryw ffynnon sy'n codi yn agos i Lanwnda ar hyd pant (neu wely afon) neilltuol sy rhwng Gefenys fechan ac Enys Keubren yng nghyfeiriad Gerthic, a chan droi ar y dde ar hyd rhyw bant sy tu draw i Enys Keubren tua Gwerndofyn ac ar hyd canol Gwerndofyn a disgyn at afon Gwyleyt; yna ar hyd canol Gwyleit hyd at Aber-Karroc ger llaw Morua Duillen, ac yna esgyn ar hyd canol dŵr Karroc tua Llanwnda hyd at y lle a enwyd ger llaw y ffynnon grybwylledig. ... Rhoddwyd gennyf fi, Llywelyn ap Iorwerth, tywysog holl Ogledd Cymru, yn y flwyddyn o oed Crist un fil un cant naw deg wyth, a'r ddegfed o'm teyrnasiad."

Credaf y bydd darllen y dyfyniad uchod yn ddigon o brawf gan bawb mai afreidiol oedd ychwanegu "yn agos i Nefin" at Forfa Dinllaen, ac mai Morfa Dinlle (Dinlleu yr hen amser) a ddylai fod.

Gwaith anodd heddiw ydyw nodi'n fanwl y rhandir a roddwyd i fynachod Aber Conwy yn ôl y terfynau uchod. Y mae'n debyg y tynnwn ieithyddwyr ac eraill yn fy mhen pe dywedwn fod Enys Keubren a Gerthic yn sefyll am y ddwy fferm sydd o bobtu i eglwys Llanwnda — y Geufron a'r

Garth — neu pe dywedwn fod Gefenys Fechan yn sefyll am fferm arall sy heb fod nepell i ffwrdd — Tyddyn Bychan. Ond efallai na chamgymerwn lawer pe dywedwn nad yw terfynau eithaf Plas Llanwnda a'r Gwylfa ar du'r dwyrain yn bresennol ymhell o derfyn dwyreiniol Rhedynog Felen y siarter. Y mae safle Aber Carrog yn y cwr isaf yn wahanol erbyn hyn, yn gymaint ag i'r afon gael ei throi yn yr amser y gwnaed y morglawdd ar Forfa Dinlle.

Wrth fynd heibio, gallwn nodi mai Gwyled yw enw'r afon y mynn yr oes hon ei galw'n Garrog. Hi, yn ôl y siarter, yw'r agosaf at Lanwnda, ac ar yr afon arall — Gwyled — y mae lle a elwir hyd heddiw yn Bont Wyled. Onid rhyfedd fyddai gweled Pont Wyled ar afon Carrog? Rai blynyddoedd yn ôl ceisiais brofi yn un o'r papurau newydd fod yr afonydd yn cael eu croesenwi gennym. Y ddedfryd y pryd hwnnw oedd "not proven" (yn ôl dull Ysgotland), a hynny, gan mwyaf, oherwydd torïaeth y rheithwyr; ond credaf y dylwn gael dedfryd o'm plaid erbyn hyn.

O droi'n ôl at y dyfyniad a wnaed o Frut y Tywysogion, y mae cwestiwn yn dod i'r meddwl — paham y ducpwyd confent Ystrad Fflur i Redynog Felen? Ar y pryd yr oedd y llanw Normanaidd yn dynesu at gymdogaeth Ystrad Fflur, a'r mynachod yn ofni am y sefydliad. Yr oedd Gwynedd yn rhyddach oddi wrth bwys arfau'r Norman, er nad oedd yn glir oddi wrth gynyrfiadau mewnol. Yr wyf am anturio ateb cwestiwn trwy ateb mai am fod Rhedynog Felen yn barod yn fynachdy. Mae'n anodd gwybod sut y buasai mynachod o'r De'n cartrefu yno oni bai bod y lle'n barod yn nwylo'r urdd fynachaidd. Wrth gwrs y mae'n angenrheidiol wrth rywbeth gwell nag antur i ateb y gofyniad. Lle bo tywyllwch, rhaid cerdded yn araf. Dyna gwestiwn eto. Paham y rhoddwyd Rhedynog Felen yn ddiweddarach i fynachod Aber Conwy? Teimlwn yn fwy hyderus wrth ateb mai am ei fod yn barod yn fynachdy. Os mynnir rhesymau pellach, anturiwn gynnig o leiaf ddau.

Yr oedd yn perthyn i'r mynachdai fferm at gynnal y mynachod, a chan y Saeson fe elwid y fferm honno'n 'grange' a chan y Cymry'n 'gwrt' (neu 'gwirt' neu 'cowrt'). Dyna'r Cwrt Mawr ar bwys Ystrad Fflur, y Cwirt yn ymyl Enlli a'r

Cowrt heb fod nepell o Landdwyn; ond ni wn yn hollol pa mor agos oedd cysylltiad y ffermydd â'r mynachdai a enwir. Fodd bynnag, y fferm agosaf i Redynog Felen yw Cefn Hengwrt, ac os oes rhywbeth y mynn traddodiad i chwi ei gofio yn fwy na'i gilydd, dyna yw hynny, mai un lle oedd Rhedynog Felen, Cefn Hengwrt a'r Beudy Gwyn (Bryn Rhedyn), ar un adeg. O'r braidd hefyd na seiliwn ddamcaniaeth ar enw arall a glywais ar y stad hon — 'tir yr hen lanciau'.

Y mae'n amlwg fod i Redynog Felen gysylltiad mynachol, ond yr wyf ar yr un pryd yn barod i addef nad oes dim a ddywedwyd yn profi bod y cysylltiad hwnnw'n cyrraedd ymhellach yn ôl na dyfodiad y gonfent o Ystrad Fflur.

Ac yn awr am y rheswm arall. Ymhlith y tiroedd a enwir yn siarter Aber Conwy gwelaf randir y Mynachdy Gwyn yn Eifionydd. Y mae'n wir nad oes llawer o hanes i'r mynachdy hwnnw, ond dyna a ddywed Eben Fardd amdano yn ei lyfr *Cyff Beuno*:

> "Mae ty, o hynafiaeth mawr o ran ei enw, yn y plwyf (Clynog), yr hwn a elwir y Monachdy Gwyn; pa un a oes sail ei ddeillio oddiwrth y Monachod Gwynion a grybwyllwyd uchod sydd bwnc o ddyfaliad noeth; er nad yw heb ryw radd o debygrwydd."

Yr oedd Eben, fel y gwelir, yn wylaidd, ac ni fyddai'n ddoeth i minnau fod yn rhyfygus, efallai. Ac eto buasai'n rhyfedd rhoi'r enw Mynachdy Gwyn heb reswm dros hynny, ac y mae'r ffaith fod y lle hwn, yn gystal â Rhedynog Felen, wedi ei drosglwyddo i ddwylo mynachod Aber Conwy yn fy nghadarnhau yn fy honiad ynglŷn â Rhedynog.

Ni wn pa hawl a oedd gan Llywelyn ab Iorwerth i drosglwyddo'r tiroedd hyn, yn enwedig mewn amser pan nad oedd trefn dir Cymru'n hwylus i hynny. Credaf, fodd bynnag, mai fel hyn y bu. Ar ôl i Eglwys Cymru fynd dan awdurdod Esgob Rhufain, dechreuwyd codi mynachlogydd mawrion yma ac acw ar hyd ein gwlad, ac o dipyn i beth bu i'r rheiny lyncu y mân fynachdai perthynol i'r Eglwys Gymreig a fodolai yn y wlad cyn hynny. Gall nad oedd y mynachod Cymreig yn ddigon ufudd i Esgob Rhufain nac yn ffafriol i'r gallu Normanaidd, ac oherwydd hynny fod y mân fynachdai wedi eu dirymu ar esgus eu himpio i'r sefydliadau mawrion a

godasid yn ddiweddarach. Gyda threigl amser, tybiodd y
mynachod Normanaidd y dylent feddu arwydd o'u hawl i
diroedd y mân fynachdai a oedd wedi eu diddymu, a
gwelsant yn dda lunio siarterau a oedd yn honni
trosglwyddiad ar ran Llywelyn ap Iorwerth, "er
iachawdwriaeth ei enaid ei hun, yn gystal ag eneidiau ei
hynafiaid a'i olafiaid". Gwaith hawdd gan y mynachod oedd
gwneud siarter, a gwaith llawn mor hawdd â hynny ganddynt
oedd llunio anwiredd a gwyrdroi'r gwir. Ond o'r braidd y
gwyddai'r Norman ddigon o hanes Cymru i wneud y
siarterau'n gywir. Fe sefydlwyd Mynachdy Aber Conwy
tua'r flwyddyn 1186 gan Llywelyn Fawr, mab Iorwerth,
medd rhai; ond yn ôl haneswyr nid oedd Llywelyn ab
Iorwerth ond deg oed ar y pryd. Yn ôl y siarter, rhoddwyd
Rhedynog Felen a thiroedd eraill i Abaty Aber Conwy yn y
flwyddyn 1198, "yn y ddegfed flwyddyn o'm teyrnasiad i,
Llywelyn fab Iorwerth"; ond yn ôl *Wales* (O.M. Edwards),
yn y flwyddyn 1194 y daeth Llywelyn yn dywysog, ac y mae'n
debyg na allodd yn yr amseroedd terfysglyd hynny ddod yn
"dywysog ar holl Ogledd Cymru" mewn pedair blynedd o
amser. Ond bid a fo am hynny, y mae'n anodd cysoni'r
siarterau â hanes, ac mewn siarter y mae cywirdeb yn
hanfodol.

   Ond nid bob amser y meiddiai'r Norman ddirymu
mynachdy. Bu abaty blodeuog yng Nghlynnog unwaith, ond
gan ei fod o darddiad Cymreig ac o enw da ymhlith y Cymry,
nid oedd at bwrpas y mynachod tramor, a diraddiwyd
Clynnog i fod yn eglwys golegol, "collegiate church". Yr
oedd yn sefydliad rhy gryf i gael ei draflyncu'n gyfangwbl,
megis y gwnaed â lleoedd llai eu pwys, fel Rhedynog Felen
a'r Mynachdy Gwyn. Fodd bynnag, y mae hanes y lleoedd
bychain yn mynd o'r golwg am ganrifoedd, ac ofer yw chwilio
yng nghyfrifon y Pab Nicholas (1291) am unrhyw gofnod
ohonynt na chrybwylliad amdanynt. Ni welir yr un cyfeiriad
atynt ychwaith yn *Notitia Monastica* Tanner. Fe all, fodd
bynnag, mai Rhedynog a feddylid wrth 'Reddenant' yn
nhrethiad 1291.

   Ym Mhrisiad Eglwysig Harri'r Wythfed (Valor
Ecclesiasticus, 26 Henry VIII., 1535), enwir tre Rhedynog
Felen ymhlith y rhai a oedd yn dwyn elw i Fynachlog Aber

Conwy:

"Villa de Redenok Velyn,
  costuma vocata comortha, valet
    in . . . . £1 6s. 8c.
Quolibet quarto anno xls.,
  videlicet per annum juxta ration-
    em . . . . £0 10s. 0d."

Ac yng nghyfrifon "ein harglwydd frenin Harri'r Wythfed"
(Comput' Ministrorum Domini Regis Henrici viij.) o dan y
pennawd 'Diweddar Fynachlog Conwy', cawn yr un nodiad
bron ag yn y Valor:

"Rednokvelyn—Reddit' villae et
  hamlet ejusdem . . . . £1 7s. 8d."

Ac hefyd:

"Maynan, Arthey, Brynney, Nanhoynam,
  Nancoll et Radnokvelyn
—Reddit de comortha quolibet
quarto anno in villis praedictis . . . . £2 0 0."

Golygai y cyfeiriadau hyn fod y cyllid a ddeilliai i
Fynachlog Aber Conwy oddi wrth Redynog Felen yn saith
(chwe?) swllt ar hugain ac wyth geiniog yn flynyddol, a'r
cyllid o dan yr hen dreth Gymreig (cymorthau) yn chweugain
yn y flwyddyn oddi wrth y chwe lle a enwir, a bod y dreth hon
yn daladwy bob pedair blynedd yn un swm o ddwy bunt.
Credaf mai ystad y Mynachdy Gwyn a feddylir wrth yr enw
Nantcoll. Tueddir fi i gredu fod Mr Bezant Lowe, yn ei lyfr
newydd (*The Heart of Northern Wales*), yn camgymryd yn ei
grynodeb o diroedd Mynachlog Aber Conwy wrth ddweud:

"Kwm and Rhedynog Felen estates, near Llanwnda."

Onid yn rhywle ar y naill du i ystad y Mynachdy Gwyn yr
oedd ystad 'Kwm'?
    Buasai'n ddiddorol gwybod sut y trefnodd Harri'r
Wythfed gyda'r tiroedd eglwysig yng Ngwynedd a syrthiodd
i'w ddwylo ar ôl datgorffori'r mynachlogydd. Disgwyliem

weled rhyw gyfeiriad at y cyfryw diroedd yn *Hanes y Mynachtai* gan Stevens, ond nis gwelsom. Ar hap, deuwn ar draws peth o'r trefniant mewn cysylltiadau eraill. Er enghraifft, gwelwn fod John Wynn o Fodfel, un o hynafiaid Arglwydd Newborough, wedi derbyn Enlli a'r Cwirt yn Aberdaron yn rhodd yn amser Edward y Chweched oherwydd ei ddewrder fel llumanwr ym mrwydr Norwich yn 1549. Ceir amryw gyfeiriadau cyffelyb ynglŷn â rhoddion o diroedd ym Môn ac Arfon yn amser Elisabeth ac eraill, ac nid wyf yn amau na cheid llawer o oleuni ar y modd y rhannwyd y tiroedd eglwysig pe gwneid ymchwil manwl i'r ffyrdd y tyfodd ystadau prif dirfeddianwyr ein gwlad.

Yn Llythyrau a Phapurau Harri'r Wythfed (Letters and Papers of Henry VIII.—Vol. xxi., 1546), ceir y nodiad a ganlyn:

"Elizeus Mores, Lease (by advice of Southwell and Moyle, General Surveyors) of the towns of Redenock Velyn and Gest in the commote of Evion co. Caernarvon, parcel of the principality of North Wales with reservations; for 21 years from Mich. next. On surrender of 21 years' lease to him by pat. dated Caernarvan 8 Jan. 23 Hen. viij.

Westm. 20 Feb. 37 Hen. viij."

(Eliseus Morris, Prydles (wrth gyngor Southwell a Moyle, Arolygwyr) ar drefi Rhedynog Felen a Gest yng nghwmwd Eifion yn Sir Gaernarfon, rhan o dywysogaeth Cymru; dan amodau; am 21 mlynedd o ŵyl Mihangel nesaf; a rhaid iddo ollwng o'i law y brydles am 21 mlynedd roed iddo dan freint-lythyr dyddiedig yng Nghaernarfon yr 8fed o Ionawr 1532.

Westminster 20 Chwefror 1546).

Un o deulu Clenennau yn Eifionydd oedd yr Eliseus Morris hwn, taid Syr William Morris, yr aelod seneddol tros sir Gaernarfon yn nechrau'r ail ganrif ar bymtheg, ac un o hynafiaid Syr John Owen Clenennau (ar du ei fam). Yr oedd Syr John drachefn yn un o hynafiaid Arglwydd Harlech, ac efallai fod y dyfyniad a wnaed uchod yn rhoddi hanes sut y daeth rhan o'r ystad i feddiant y teulu hwn. Dylid sylwi, fodd bynnag, nad yw'r dyfyniad yn gywir os golyga fod Rhedynog Felen yng nghwmwd Eifionydd; y mae gennym, er hynny, le i gredu bod Rhedynog Felen wedi bod am dymor yn nwylo teulu Clenennau.

Yn llawysgrifau Harley (*Harleian MSS.* 607, fol. 39 b.),
ceir nodiad lled helaeth ynglŷn â Rhedynog Felen, ac y mae'r
gwaith o ymgydnabyddu ag ef wedi ei rwyddhau drwy waith
Mr Edward Owen yn ei osod yn y Catalog a wnaeth o'r
llawysgrifau perthynol i Gymru sydd yn yr Amgueddfa
Brydeinig.

"Com. Kaernarvan.
Parcel of the possessions of the late monastery of Conway in the
aforesaid county.
Villa de Redenock Velin.
Rated for sale to Griffith Davies, 3 July 1557.
Deputy auditor, Robert Multon, observes that the premises bene
letten to Hughe Pulleston, gent., with the seite and demaynes of the
said late monasterie and other for terme of 21 years in anno sexto
nup. R Ed. vj, paying therefore yerelie xxxjx.li xv.s vj.d (£39 15s 6d)
albeit the same township of Redenockvelin ys claimed by the
executors of Wm. D'd Jenkyn for terme of 34 yeers granted to hym
and his executors by the late abott and convent of the said
monasterye which I have not sene, nor the testy thereof conteyned in
any record. There is no rent, fees or other charge going out of the
premises. What leade, woode, or mynes be upon the premises I
knowe not. The comortha before mentioned of 6s 8d is charged every
iiij-th yere in one entyre somme of 40s for six severall townes as the
accompt of anno xxviij-o nup. R. Hen. viij appeareth. I have made
this particular accordinge to a mynyster's accompt of the anno xxviij
nup. R. Hen. viij and I know no other thing mete to be considered in
the sale of the same.
    ...the premisses lyethe not near to any of her quenes majestie
houses nor annexed Castell ... but lyethe vj miles of their majesties
castell of Caernarvon."

(Sir Gaernarfon.
Rhan o feddiannau diweddar Fynachlog Aber Conwy yn y sir a
enwyd.
Tre Rhedynog Felen.
Wedi ei phrisio i'w gwerthu i Griffith Davies, Gorff. 3, 1557.
Sylwadau'r is-archwiliwr, Robert Multon:
"Bod y lleoedd wedi eu gosod i Huw Piwlston, bonheddwr,
ynghyd â safle a thiroedd y ddiweddar fynachlog a enwyd, ac eraill,
am dymor o un mlynedd ar hugain yn y chweched flwyddyn o
deyrnasiad y diweddar frenin, Edwart y Chweched, gyda thâl
blynyddol o £39 15s 6c dros y cyfryw, er bod tre Rhedynog Felen yn
cael ei hawlio gan ysgutorion William ap Dafydd ap Siencyn am
dymor o bedair blynedd ar ddeg ar hugain a roddwyd iddo ef a'i
ysgutorion gan ddiweddar abad a chofaint y fynachlog a enwyd, ond

ni welais y weithred na'r prawf o hynny mewn unrhyw gofnod. Nid oes rhent na thâl na threth yn mynd allan o'r lle. A oes plwm, neu goed neu fwynau yn y lle, nis gwn. Y mae treth y cymhorthau yn chwe swllt ac wyth geiniog a chodir hi bob pedair blynedd yn un swm o ddwy bunt oddi ar chwe tre wahanol, yn ôl cyfrifon wythfed mlwydd ar hugain y diweddar frenin Harri'r Wythfed. Gwneuthum y manylion hyn yn ôl cyfrif gweinidog yn yr wythfed mlwydd ar hugain o deyrnasiad y diweddar frenin Harri'r Wythfed ac ni wn am unrhyw beth arall y dylesid ei ystyried ynglŷn â gwerthiad y lle.

. . . nid yw'r lle yn agos i'r tai brenhinol na'r castell, ond saif chwe milltir oddi wrth gastell eu Mawrhydi yng Nghaernarfon.'')

Y mae'n amlwg bod helynt ynglŷn â pherchnogaeth Rhedynog Felen, a hynny'n gynnar ar ôl datgorffori'r mynachlogydd. Hyd yma yr oedd y tir yn perthyn i'r Goron (enwir Philip a Mari yn y dyfyniad uchod — "eu mawrhydi"), ond gwelir ei fod wedi ei osod cyn datgorffori Mynachlog Aber Conwy. Gwyddys ei bod yn arfer gan yr abadau osod tir y mynachlogydd, yn enwedig os byddai'r eiddo ymhell o'r fynachlog, ac nid oes amheuaeth nad at ryw osodiad cyffelyb y cyfeirir uchod. Pwy oedd y Griffith Davies uchod, nis gwn; ond tybiaf mai ef oedd y Griffith Davies a oedd yn aelod yn y senedd tros drefi Caernarfon yn niwedd oes Edward y Chweched. Yr oedd drwy ei gysylltiad seneddol yn gwybod sut yr oedd pethau'n symud yn y wlad, ac efallai ei fod yn awyddus i elwa drwy hynny. Credwn ymhellach na fu gwerth ar y lle yn ôl trefniant Multon yr is-archwiliwr.

Yng nghofnodion llysoedd cyfreithiol y frenhines Elisabeth gwelir cyfeiriad drachefn at Redynog Felen, ymhen ugain mlynedd ar ôl dyddiad y dyfyniad diwethaf, ac y mae'r cyfeiriad hwnnw'n darllen fel hyn:

"Rhedynog Velyn vel Velen. De R. M., Arm. & aliis assignatus ad dividendum omnes Terras et Tenementa in Villa de Rhydynok Velyn vel Velan et alibi in Comitatu Carnarvaniae ab illis Terris Reginae in Comitatu praedicto. Trinitatis Commissioners. 20 Eliz. Rotulo 3.''

(Rhedynog Felyn neu Felen: Yn achos R. M.[2], Uchelwr ac eraill ynglŷn â rhannu'r holl diroedd a daliadau yn nhre Rhedynog Felyn neu Felen a lleoedd yn Sir Gaernarfon oddi wrth y tiroedd hynny yn y Sir a enwyd a berthyn i'r Frenhines, 1578.)

Bûm yn ceisio cael gafael ar gofnodion yr achos hwn, ond oherwydd prinder amser ac arafwch y gwaith o ddod o hyd i bethau yn Swyddfa'r Cofnodion Cyhoeddus methais â gwneud y gwaith a fwriadwn. Ond y mae'r cofnod byw a ddyfynwyd yn dangos mai tua'r amser yna (1578) yr aeth tre Rhedynog o ddwylo'r Goron.

Y mae un cofnod eto i'w roddi ynglŷn â'r lle sy gennym yn destun, ac wedi rhoddi hwnnw, bydd ein rhestr o gofnodion ar ben. Y mae'r cyfeiriad hwn i'w gael yng nghofnodion Llys y Siansri yn amser Elisabeth, a rhed fel hyn (wedi ei Gymreigio gennym):

> "Achwynydd: Thos. Gwynne.
> Diffynwyr: Huw Dafydd ap Rhys, Morgan ap Dafydd ap William, ac eraill.
> Amcan y cyngaws: Hawl dan brydles.
> Rhandir: Darn o'r dre a elwir Rhedynog Felen a phentre Rhedynog Felen a thir perthynol iddynt yn eiddo'r Fynachlog a ddatgorfforwyd yng Nghonwy yn ddiweddar, a rhan a gymunroddwyd i'r achwynydd gan William Madog ab Ieuan."

Am yr un rheswm ag a nodais ynglŷn â'r achos blaenorol, methais â dod o hyd i'r ddedfryd ynglŷn â'r cyngaws hwn, ac am hynny ni allaf benderfynu pa mor gywir yw'r traddodiadau ynglŷn â'r hyn a ddigwyddodd ynglŷn â Rhedynog Felen.

Ar du'r gogledd i stad Rhedynog Felen, yn ôl yr hen derfynau, saif y Pengwern. Hyd o fewn ychydig flynyddoedd yn ôl yr oedd hen dŷ'r Pengwern ar ei draed, ac yr oedd yn hawdd gwybod oddi wrth ei adeiladwaith, yn enwedig yn fewnol, iddo fod yn lle pwysig yn y dyddiau gynt. Wrth ei chwalu canfuwyd amryw swmerau ag arnynt enwau rhai o'r hen deulu. Yn y llyfrau achau, teulu'r William ab Madog a grybwyllir yn y dyfyniad olaf sy'n gysylltiedig â'r Pengwern, a bu'r teulu hwn yn aros yn y plwy ac yn lled uchel ynddo am oesau. Yn 1608 yr oedd ŵyr i'r William uchod yn byw yn y Pengwern, ac adnabyddid ef fel William ab Huw ab William ab Madog. Pan ddiflannodd trefn yr 'ab' o'r tir, mabwysiadodd y teulu hwn Wynn fel cyfenw.

Mynn traddodiad fod Rhedynog Felen wedi dod i feddiant teulu'r Pengwern a'i fod wedi aros yn rhan o'r stad hyd amser lled ddiweddar. Edrycher yr hen gofnodion ac ni cheir enw neb o Redynog Felen yn talu'r trethi (*lay subsidies*); o leiaf edrychais gofnodion 1597, 1628 a 1673, ac ni welais enw neb o'r Rhedynog. Tuedda hyn ni i gredu mai rhan o'r Pengwern ydoedd y lle yn y blynyddoedd a nodir.[3] Rhyw ddau gant a hanner o flynyddoedd yn ôl bu rhannu ar yr holl ystad. Aeth un rhan i deulu'r Wynniaid o Lanwnda, ac aeth y rhan arall i deulu'r Mynachdy Gwyn. Meredydd, yn bennaf, oedd cyfenw'r teulu hwn. Bu William Wynn yn Sirydd yn 1673, ac Wmffre Meredydd o'r Pengwern yn Sirydd yn 1734 a 1738. Yn wir, yr oedd yr olaf yn ddigon pwysig i'w nodi yn y *Gentleman's Magazine* am 1766 ymhlith yr enwogion a fu farw'r flwyddyn honno.

Fel gyda llawer teulu arall, syrthiodd etifeddiaeth y Wynniaid i ddwylo unig ferch ac aeres, a phriododd hithau, Ann, gyda Rhisiart Garnons o'r Pant Du yn Llanllyfni, ac fel ''stad Garnons'' yr adnabyddid ei thiroedd hyd yn ddiweddar. Daeth unig ferch ac aeres i deulu'r Pengwern hefyd. Priododd hithau, Anna Maria, yn gyntaf gyda John Mostyn o Segrwyd, ac wedyn gydag Edwart Wynne o'r Llwyn yn Sir Ddinbych. Ar ei marwolaeth gwerthwyd ei hystad, ac aeth Rhedynog Felen a'r Pengwern i wahanol ddwylo, nes mynd o'r naill le a'r llall yn gymharol fychan o ran maint ac yn ddinod o ran enw.

[1] Sef, tua 1894 [*Gol.*]
[2] Tybed ai Robert Multon oedd yr 'R.M.' hwn? [Nodyn diweddarach gan W.G.W. — *Gol.*]
[3] Ar gopi W.G.W. ei hun o'r ysgrif, ceir nodyn yn ei law ei fod yn nes ymlaen wedi amau'r gosodiad hwn, gan gredu mai ystad hollol ar wahân i'r Pengwern oedd Rhedynog Felen. [*Gol.*]

BETWS GWERNRHIW

Ω

AR UN AMSER safai hen westy o'r enw Betws Gwernrhiw ar fin y ffordd rhwng Caernarfon a Phwllheli, ychydig i'r gogledd-orllewin o blas Glyn Llifon a thua chwarter milltir i'r de-ddwyrain o eglwys Llandwrog. Y pryd hynny rhedai'r ffordd ryw drigain llath ymhellach o'r môr na'r un bresennol, ond ers mwy na chanrif bellach cynhwysir rhan fawr o'r hen ffordd y tu mewn i barc Glyn Llifon.

Un o'r cyfeiriadau cyntaf a welais at yr hen westy ydoedd yr eiddo Leland a fu ar grwydr trwy Loegr a Chymru yn ystod y rhan olaf o deyrnasiad Harri VIII, hynny yw, rhwng 1536 a 1542. Dyma'r crybwylliad sydd gan Leland:

> "Frode Skeuernok (= a quik streme) a little broke a vj miles above Aberseynt. On the farther side of it is a little chapel caullid Bethouse and 2 or 3 housis."

Gellir Cymreigio'r dyfyniad fel hyn:

> "Ffrwd Sgyfarnog, sef ffrwd gyflym, nant fechan tua chwe milltir uwchlaw Caernarfon. Ar yr ochr bellaf iddi y mae capel bychan a elwir Betws, a dau dŷ neu dri."

Gesyd Leland ormod o bellter rhwng Caernarfon a'r Ffrwd — byddai pum milltir yn gywirach — eithr ag ystyried ei amgylchiadau ni ellir beio ei ddyfaliad. Mewn argraffiad diweddar o *Leland's Itinerary in Wales, 1536-1539* a drefnwyd ac a olygwyd gan Lucy Toulmin Smith, awgrymir mewn nodiad gwaelod dalen, nodiad sydd â nod petruster wrtho, mai Betws Garmon a olygir wrth y Betws yn y dyfyniad. Ond y mae disgrifiad Leland o'i safle'n ddigon di-amwys — 'yr ochr bellaf' i Ffrwd Sgyfarnog (o Gaernarfon) — ac ni eill safle Betws Garmon gytuno â hyn gan fod pedair milltir o'ffordd ar draws gwlad o'r Ffrwd hyd ym Metws Garmon. Oherwydd na nodir Betws Gwernrhiw ar fapiau diweddar, a bod cof am y lle, hyd yn oed yn Llandwrog ei hun, wedi ei golli bron yn llwyr erbyn hyn, ni ellir beio golygyddes o Loegr am fethu ganddi iawn leoli'r Betws y soniai Leland amdani.

Y mae'n debyg fod i'r lle ar y cyntaf ryw gysylltiad eglwysig — 'capel bychan' ydyw'r disgrifiad ohono yn y dyfyniad uchod, ac y mae'n ddiddorol sylwi mai 'Cae Capel' ydoedd enw maes bychan a berthynai i'r Betws yn y dyddiau gynt. Ai capel anwes i deulu Glyn Llifon oedd yma ar un adeg?

Digwyddai Leland ymdeithio trwy'r bröydd mewn dyddiau pan ddadsefydlid trefn y mynachlogydd a'r lleiandai, a phan gaeid adeiladau perthynol iddynt yn fawr ac yn fân. Efallai fod Betws Gwernrhiw wedi colli ei chysylltiad â chrefydd ymhell cyn hynny.

Yn nyddiau Leland, hefyd, daeth teithio gwlad yn beth llawer mwy cyffredin nag y bu, ac oherwydd hyn daeth galw am well ffyrdd ac am godi pontydd i hwyluso trafnidiaeth tros yr afonydd. Tuag at sicrhau hyn, deddfwyd bod cadwraeth y ffyrdd i fod yn ddyletswydd ar bob cwmwd a phlwyf, a bod swyddogion neilltuol i'w dewis i arolygu'r gwaith ac i gadw'r ffyrdd a'r pontydd mewn trefn a chywair. Yr oedd gafael y llywodraeth yn tynhau ar wahanol rannau'r wlad, ac yr oedd angen hwyluso teithiau'r gwahanol swyddogion gwladol trwy'r holl fröydd. Trwy rwyddhau'r ffordd i'r swyddogion hynny estynnwyd cyfleusterau teithio i'r bobl yn gyffredinol.

Gyda chynnydd mewn trafnidiaeth daeth hefyd alw am westai yma a thraw ar fin y ffyrdd lle gallai teithwyr ymofyn ymborth a llety. Yr oedd ym Metws Gwernrhiw adeiladau a oedd yn hawdd eu cyfaddasu at ddibenion gwesty, ac am ran dda o ddwy ganrif a hanner bu'r lle yn nawdd a lloches i deithwyr ac eraill. Gyda llaw, gellir dywedyd mai fel gwestai y bwriedid i dai o'r fath fod yn y dechrau — y mae'n ddilys mai ffurf ar ddirywiad ydoedd i lawer ohonynt droi'n dai cwrw ac yn lloches i ddiotwyr a thyrfwyr. A bod yn fanwl, yr oedd gwahaniaeth rhwng 'tŷ cwrw' a 'gwesty'; golygai 'gwesty' dŷ y gallai dyn ac anifail gael lluniaeth a gorffwys. At werthu diod yn unig y cedwid y tai cwrw. Am flynyddoedd bu deddfu parhaus ynglŷn â rheolaeth y cyfryw dai er mwyn gwastrodedd y sawl a gyrchai iddynt i ddiota a meddwi a thrwy hynny esgeuluso'u gorchwylion, gwastraffu eu hamser a difa eu cynhysgaeth mewn oferedd.

Gan brinder adeiladau i gynnal ymchwiliadau gwladol a chyhoeddus — prinder a nodweddai lawer o'r trefi yn ogystal â'r rhannau gwledig — bu'n rhaid dibynnu ar gyfleusterau'r gwestai i sicrhau hwylustod i'r swyddogion gwladol yn eu gwaith o osod llaw drymach ar fywyd y bobl.

Yr oedd Betws Gwernrhiw yn hwylus at ddibenion felly, a cheir bod rhai ymchwiliadau cyhoeddus wedi eu cynnal yn y lle o bryd i'w gilydd. Yn y rhan gyntaf o'r ail ganrif ar bymtheg, bu cryn ymryson cyfreithiol rhwng tenantiaid tref Eithinog a Glyniaid y Plas Newydd, a phan drefnwyd dirprwyaeth i wrando ar un achos yn 1616, ym Metws Gwernrhiw y cyfarfu'r dirprwywyr i wrando haeriadau'r naill ochr a'r llall. Efallai ddarfod dewis y Betws oherwydd bod y lle'n agos i'r rhandiroedd yr oedd y cweryl ynglŷn â hwy, a bod hynny'n arbed traul a thrafferth i'r tyddynwyr tlodion.

Am amryw flynyddoedd ar ôl 1632 cedwid Betws Gwernrhiw gan ŵr â'i enw Niclas Prys. Mewn achos a fu gerbron y Sesiwn Chwarter yng Nghaernarfon yn 1632 mynegai llythyr cyhudd yn erbyn Owen Griffith o'r Tryfan ei fod yn treulio'i amser ac yn gwario'i dda trwy ymweled yn fynych â Betws Gwernrhiw ac yfed i ormodedd. Nid oes raid cymryd bod yr hyn a ddywedir am ysgweier y Tryfan yn gwbl wir; gallsai Owen Griffith gael diotai'n nes i'w gartref na'r Betws, ond y mae'n debyg nad ydoedd yn un ag urddas gŵr o'i safle ef i ymdroi mewn 'sucandai' cyffredin, a bod yn rhaid iddo wrth westy o safon dipyn yn barchus.

Ymhen llai nag oes ar ôl helyntion y tiroedd yn Eithinog daeth anawsterau gwleidyddol i gynhyrfu'r wlad ac i godi pleidiau tra ffyrnig ymhob bro. Aeth yn rhyfel rhwng Siarl frenin a'i Senedd, ac aeth y wlad oll yn faes cad ac ymladd. Yn ei thro daeth Arfon yn fro ymhwrdd ac ymgyrch; yr oedd castell Caernarfon yn lle pwysig, ac ar y cyntaf delid ef ar ran y brenin. Yr oedd ar amryw gyfrifon yn ddigon cadarn i wrthsefyll pob ymosodiad yn hir, eithr ymhen amser syrthiodd i ddwylo gwŷr y Senedd. Yr oedd teulu Glyn Llifon yn eiddgar yn eu hymdrechion yn erbyn y brenin, a hyd ei farw bu Thomas Glyn yn llywydd yn Arfon ac ar gastell Caernarfon. Yn fuan cododd ail gynnwrf mewn gwahanol rannau o'r wlad i geisio rhyddhau'r brenin a oedd erbyn hynny'n garcharor yn llaw ei elynion.

Digwyddai Syr John Owen o Glenennau fod yn frenhinwr selog, ac ni allai fod yn llonydd — yr oedd yn barod wedi ymladd yn bybyr yn Lloegr dros ei frenin ac wedi dioddef llawer er ei fwyn. Nid oedd yn anodd cael cefnogwyr iddo yn rhannau deheuol sir Gaernarfon, ond nid ar y rhai hynny y dibynnai ef yn gyfangwbl. Y mae'n amlwg fod cynllun ymgyrch wedi ei drefnu ganddo ers tro a'i fod wedi llwyddo i gynnull cyfeillion o bell ac agos; yr oedd nifer fawr o Saeson ymhlith y llu a gasglodd. Ni ellid cadw ei symudiadau ynghudd rhag gwŷr y Senedd, ac o wybod am nifer ei ganlynwyr dechreuodd y gwarchodlu bryderu ac ofni. Tybiai'r Cyrnol Mytton a lywyddai yng Nghaernarfon, a William Llwyd, Plas Hen, y siryf ar y pryd, mai'r peth gorau a fyddai cerdded i gyfarfod Syr John cyn iddo gyrraedd i gyffiniau'r dref. Gwyddid bod teulu Plas Newydd, er eu bod yn gymdogion â theulu Glyn Llifon, yn frenhinwyr ffyrnig a digymod, a disgwylid y caffai ysgweier Clenennau bob cymorth ganddynt. Lled anghyfartal ydoedd y ddau lu o ran rhifedi — ugain o wŷr meirch a thrigain o wŷr traed gan Mytton, saith ugain o wŷr meirch a chwe ugain o wŷr traed gan Syr John. Gan fod Betws Gwernrhiw yng ngafael Glyn Llifon bu'r lle'n hwylus i Mytton gynnull ei lu a disgwyl am y gwrthwynebwyr. Ar nesâd Syr John cerddodd Mytton allan o'r Betws, a bu ymladdfa dost yn y gymdogaeth pan orchfygwyd gwŷr Mytton ac y clwyfwyd y sirydd yn enbyd. Ni feiddiodd Syr John ymosod yn union ar gastell Caernarfon eithr cerddodd yn ei flaen i gyfeiriad Conwy. Daeth mintai'r Senedd o Gonwy i'w gyfwrdd, ac ar y Dalar Hir gerllaw Aber bu brwydr ffyrnig lle gorchfygwyd Syr John a'i gymryd yn garcharor.

Daeth dyddiau tawelach yn y man, a chyda hwy gryn fywiogrwydd a llwydd i fywyd y wlad. Yn wir, yr oedd peth newid wedi digwydd ers tro; daeth dyletswyddau'r plwyfolion yn bwysicach; nid yn unig yr oedd goruchwyliaeth y ffyrdd wedi ei osod arnynt eithr gofal am y tlodion a'r methiannus, yr hen a'r anghenus. Cyflawnid y gorchwylion hyn gan swyddogion a nodid o flwyddyn i flwyddyn yn festri'r plwyf, a chan fod angen i'r cyfryw gyfarfod yn ysbeidiol daeth gofyn am le hwylus iddynt gyfarfod. Felly trefnwyd bod tŷ neilltuol gerllaw'r eglwys i fod yn fan cynnull, a gelwid tŷ o'r fath yn Dŷ'n Llan. Yn ôl arfer yr oes yr oedd yn rhaid cyflenwi'r swyddogion â diod, ac aeth Tŷ'n Llan yn dŷ cwrw hefyd.

Yn y dyddiau hynny dygid pob trafnidiaeth rhwng rhannau deheuol sir Gaernarfon ac Ynys Môn drwy Landwrog a thros Forfa Dinlle ac Aber Menai. Gyferbyn â Betws Gwernrhiw rhedai ffordd trwy Landwrog i Aber Menai, ac ar ochr y ffordd hon safai Tŷ'n Llan, dros y ffordd i eglwys Llandwrog, ond gan nesed Betws Gwernrhiw i'r lle ni ddaeth Tŷ'n Llan yn westy — yr oedd mwy o drafnidiaeth ar hyd y ffordd fawr nag ar y ffordd groes. Yr oedd Ffrwd Ysgyfarnog yn lle â thipyn o fywyd wedi codi ynddo — yno ceffid gefail gof a gweithdy saer heblaw maelfa a marchnad ar brydiau. Agorwyd tŷ cwrw yn y Ffrwd hefyd, ac am dymor hir cedwid tri thŷ trwyddedig yn yr ardal — y Betws, Tŷ'n Llan a'r Ffrwd. Yr oedd i'r tri lle ei fanteision ei hun a'i ddibenion ei hun hefyd fel nad oedd busnes un yn mennu llawer ar fusnes y lleill.

Gyda threigl amser, daeth newid ar lawer o bethau yn y wlad, ac ynglŷn â Betws Gwernrhiw efallai mai'r peth pwysicaf ydoedd y cynnydd a ddaeth gyda thrafnidiaeth cerbydau, yn enwedig rhwng tref a thref. Er nad oedd fawr gamp ar y ffyrdd ar gyfer gwŷr ar feirch na gwŷr ar draed nid oedd agos un ffordd yn gymwys i redeg cerbydau ar hyd-ddi, yn enwedig y cerbydau buain a elwid yn *stage-coaches*. Cyn canol y ddeunawfed ganrif dechreuwyd galw am well ffyrdd, a thrwy fesurau seneddol rhoed awdurdod i wahanol gwmnïau yma a thraw feddu hawl i baratoi ffyrdd cymwys o'r naill ardal i'r llall ac i godi tollbyrth arnynt. Rhwyddhaodd hynny lawer ar drafnidiaeth yn gyffredinol, a phan brysurodd y byd daethpwyd i ofyn fwyfwy am ffyrdd addas Cyn hir dechreuwyd rhedeg cerbydau rhwng Caernarfon a

Phwllheli, a cheisid sicrhau na fyddai hir aros ar y daith.

Rhedai'r ceffylau o Gaernarfon i Glynnog, lle newidid y ceffylau i redeg y cerbydau ymlaen i Bwllheli, ac wrth gwrs cymerid yr un cwrs ar y daith yn ôl. Golygai hyn nad oedd galw am aros mewn mannau ar y ffordd, a thrwy hynny collodd Betws Gwernrhiw lawer o'i phwysigrwydd, a dibynnai bellach am gefnogaeth leol nes peri i'r lle droi'n fwy o dafarndy nag o westy. Y mae'n debyg mai gŵr a'i enw Thomas Thompson oedd y diwethaf i ddal trwydded yn y lle. Y mae'n debyg hefyd ei fod yn ŵr o safle yn y fro — bu'n warden dros y rhan isaf o'r plwyf yn 1766, ac fel rheol dynion o gyfrifoldeb a sylwedd a ddewisid yn wardeniaid. Rai blynyddoedd cyn marw Thompson yr oedd y Betws wedi peidio â bod yn westy, ac ar ôl ei gŵr bu ei weddw Elin Thompson yn dal y lle fel tyddyn. Gwelir ei henw hi ar restr y sawl a dalai'r Dreth Dir yn 1788:

"Ellen Thompson Betws   £0 16 0."

Bu farw Thomas Thompson ym mis Medi, 1784, a'i weddw yn yr un mis naw mlynedd yn ddiweddarach. Arhosodd y lle fel tyddyn am amser ar ôl hyn, ond cyn hir gwnaethpwyd ffordd newydd rhwng Caernarfon a Phwllheli ac ni safai'r Betws ar fin honno. Caewyd yr hen ffordd oddi mewn i'r wal a godwyd o amgylch parc y Glyn, a gadawyd i'r hen westy fyned yn adfeilion, ond gellir gweled ei sylfeini yng nghanol drysi ryw ganllath i'r dwyrain o borth y parc, 'The Grand Lodge'.

Er i gof gwlad am yr hen gapel a gwesty ballu i gryn raddau y mae tipyn o ymchwil i'w hanes yn foddion i egluro'r gwahanol gyfnodau a welodd ein gwlad, o'r dyddiau pan oedd sefydliadau eglwysig a chrefyddol fel mynachdai a lleiandai, capelau a siantrïau, yn elfennau bywyd pob bro hyd at yr amser y daeth diwydiant a phrysurdeb â dulliau a threfnau newydd.

Erbyn hyn cregyn, megis, ydyw mynachdy a chastell, ond maent yn dystion i fywyd a fu unwaith yn ffynnu yn y byd, ac ni ddylent fod yn anghofus gennym. Bu'r hen bethau oll yn wasanaethgar yn eu dydd a'u tymor, a hefyd yn wrthrychau balchder a llawenydd i'r sawl a'u sefydlodd. O'r braidd na ellir dywedyd hefyd fod rhai pethau gwerthfawr wedi eu colli o fywyd yn niflaniad hen drefnau a sefydliadau.

Cyn tynnu hyn o hanes i ben efallai y dylid crybwyll bod rhai o fapiau'r ail ganrif ar bymtheg sydd yn dilyn y ffordd o Harlech i Gaernarfon ar draws y Traeth Mawr a thrwy Benmorfa yn dangos pwt o ffordd Pwllheli gerllaw Glan-rhyd ac yn rhoi mynegiad i hynny gyda'r geiriau 'To Bettus'. O ddiffyg gwybod am Fetws Gwernrhiw tybiodd rhai mai rhyw Fetws arall a olygid, a chan mai Betws Fawr yn Eifionydd oedd yr un fwyaf adnabyddus iddynt cymerasant mai tuag yno y cyfeiriai'r ffordd. Y mae tybiaeth o'r fath yn gyfeiliornus, a gellir yn hawdd weld hynny wrth ystyried mor ddiarffordd yw'r Betws Fawr o ffordd Pwllheli.

Praw yw'r cyfeiriad 'To Bettus' fod y lle yn adnabyddus i deithwyr y dyddiau gynt; dengys hefyd fod pwysigrwydd yn perthyn y pryd hynny i'r lle fel gwesty hwylus i ymdeithwyr.

Yn yr Atodiad rhoir rhai cyfeiriadau at ffynonellau y gellir tynnu ohonynt ychwaneg o fanylion am rai pynciau a drafodwyd uchod a hefyd gadarnhau rhai gosodiadau a wneir.

ATODIAD

1. Am y manylion ynglŷn â'r helyntion a fu rhwng tenantiaid Eithinog a Glyniaid Plas Newydd gweler *Cymru* am Ionawr 1925.

2. Y mae hanes rhai o'r helyntion a fu ar Owen Griffith y Tryfan a'i wraig Dorothi i'w gael yn *Nhrafodion Cymdeithas Hanes Sir Gaernarfon* am 1941.

3. Y mae rhestr y rhai a gymerwyd yn garcharorion yn ysgarmes y Dalar Hir i'w gweled yn 'Arfon y Dyddiau Gynt' [gan W.G.W.], t. 55. Oddi wrth y rhestr gwelir bod sail i'r hyn a ddywedir, ddarfod i Syr John Owen lwyddo i gynnull cyfeillion a chefnogwyr o bell ac agos, a bod nifer fawr o Saeson yn eu plith. Dengys y rhestr fod y cynllun i godi gwrthryfel yn erbyn galluoedd y Senedd ar waith ers hir amser cyn i'r llu gychwyn tua Chaernarfon.

4. Y mae'n debyg fod parc Glyn Llifon wedi ei gau allan cyn gwneuthur y ffordd newydd.

5. Dyma restr y deiliaid trwyddeau yn Llandwrog yn 1776:
   Daniel Thomas, Ffrwd Ysgyfarnog.
   David Jones, Tŷ'n Llan.
   Samuel Williams, Dolydd Byrion.
   Nid ymddengys bod Betws Gwernrhiw yn dŷ trwyddedig erbyn hynny.

LLANWNDA YN 1655

Ω

ER BOD LLAWER wedi ei sgrifennu o bryd i'w gilydd am gyflwr ein gwlad yn gyffredinol yn nyddiau'r Weriniaeth, lled brin ydyw'r wybodaeth a feddwn am gyflwr Cymru ac am gyflwr ei gwahanol ardaloedd yn ystod y cythrwfl gwladol a nodweddai flynyddoedd canol yr ail ganrif ar bymtheg, ac y mae llawer o'r hyn a sgrifennwyd am y blynyddoedd hynny wedi ei liwio i gryn raddau yn ôl barnau a rhagfarnau'r ysgrifenwyr. Y mae galw am ymchwil i hanes pob ardal yn unigol ac i'w hamgylchiadau yng nghyfnod dyrys y Weriniaeth.

Ceisir yn y tudalennau hyn fwrw golwg ar gyflwr pethau ym mhlwyf Llanwnda, ardal a oedd yn lled bell oddi wrth ganolfan y llywodraeth ac a oedd o ran ei hiaith, ei harferion a'i thraddodiadau'n dra gwahanol i Loegr. Gellir gofyn beth oedd ymateb y lle i'r newid cymdeithasol ac eglwysig a wnaed rhwng 1640 a 1660.

Os oedd Llanwnda ymhell oddi wrth ganolfan y llywodraeth nid oedd ond ychydig filltiroedd oddi wrth dref a chastell Caernarfon lle gweithredai'r sawl yr ymddiriedwyd goruchwyliaeth y sir iddynt — Griffith Jones Castellmarch, Edmwnd Glyn Glyn Llifon a Thomas Williams y Dinas, tri o gefnogwyr mwyaf eiddgar y Weriniaeth — ac y mae'n debyg fod Llanwnda'n ddigon agos i'r dref i'r tri hyn a'u swyddogion gadw llygad lled graff ar helyntion y plwyf. Ar waethaf eiddgarwch y gwŷr a enwyd y mae'n amheus a oedd eu goruchwyliaeth yn derbyn cymeradwyaeth y werin bob amser ac ymhob agwedd. Y mae'n ddigon hawdd credu nad oedd y cyfyngu a'r cwtogi a fu ar hen arferion oesol yn dderbyniol gan y rhan fwyaf o'r plwyfolion.

Yn naturiol iawn yr oedd y newid a wnaed yn y drefn eglwysig yn tueddu i ffyrnigo'r crefyddwyr selog yn ogystal â'r rhai a dueddai at fod yn llugoer, ac yr oedd y llethu a fu ar ddiota a chwaraeon a champau yn wrthun i werin na theimlasai ddim o sêl Biwritanaidd rhan dda o'r Saeson yn y dyddiau hynny.

Yn 1650 gorchmynnwyd i'r ustusiaid gadw llygad craff ar y tai cwrw. Yn ymyl eglwys Llanwnda cedwid dau o'r tai hyn yn 1655, a'u trwyddedwyr oedd gwŷr a elwid William Griffith a Robert Williams, ac oddi wrth ymchwiliad a wnaed gan y Sesiwn Chwarter i gyflwr pethau yn y ddau dŷ hyn cafwyd bod llawer o ddiota ac anhrefn yn digwydd ynddynt yn enwedig ar ddydd yr Arglwydd. Gan mai ynglŷn â'r ddau dŷ yn Llanwnda yn unig y bu'r ymchwiliad hwn, y mae'n debyg mai'r achos ydoedd terfysg a ddigwyddodd yn un o'r ddau dŷ ar ddydd Sul neilltuol ym mis Gorffennaf neu fis Awst, 1654.

Galwyd ar rai o brif rydd-ddeiliaid y fro i dystio yn yr ymchwiliad, ac un o'r rhai hyn ydoedd Richard Thomas Glan Rhyd, gŵr oddeutu pump a deugain oed. Tystiai ef fod llawer o ddiota ac anhrefn yn digwydd yn y ddau dŷ cwrw ar ddydd yr Arglwydd, a bod cwerylon, ymladd ac ymosodiadau'n dra chyffredin ynddynt hyd yn oed yn ystod awr y gwasanaeth yn yr eglwys gerllaw. Dywedai hefyd fod y rhai a fynychai'r ddau dŷ yn llawer mwy na rhif y rhai a ddilynai y moddion eglwysig. Gan fod y tyst hwn yn trigo'n lled agos i'r tai cwrw gwyddai'n lled dda am yr hyn a ddigwyddai yng nghymdogaeth yr eglwys ar nos Suliau.

Yr oedd tyst arall yn ŵr lled bwysig yn y fro — Evan Llwyd o'r Tryfan Bach. Yr oedd yn rhydd-ddeiliad ac yn drigain oed neu ychwaneg. Dywedai y byddai'n mynychu'r gwasanaethau yn yr eglwys yn dra chyson, ond gan na fyddai'n troi i mewn i'r tai yfed ar y Sul ni allai dystio beth a ddigwyddai ynddynt. Oddi wrth yr hyn a glywai gan eraill, tybiai fod llawer iawn o ddiota yn digwydd yn y ddau le. Yr oedd Evan Llwyd yn gyfarwydd iawn â'r Sesiwn Chwarter ac yn adnabyddus iawn yno. Oddi ar pan oedd yn ddyn ieuanc bu'n eistedd ar fainc y rheithwyr yng Nghaernarfon yn amlach na'r un arall o rydd-ddeiliaid y cwmwd, ac yr oedd o ran ei fuchedd yn ymagweddu'n deilwng o reithiwr a rhydd-ddeiliad. Gellir barnu'r ymddiriedaeth a enillodd trwy gofio ei fod dro ar ôl tro wedi ei nodi'n drysorydd i'r amryw drethoedd a osodid ar y cwmwd yn ei ddyddiau ef.

Tyst arall ydoedd Dafydd Lloyd Garth y Glo, perchen ystad fechan heb fod nepell o eglwys Llanwnda, a gŵr a elwid yn fynych i eistedd ar fainc y rheithwyr yn y Sesiwn Chwarter. Lled debyg ydoedd ei dystiolaeth i'r eiddo Evan Llwyd. Dywedai ei fod tua deugain oed, ac yr arferai fyned i wasanaethau'r eglwys yn dra chyson, ond na allai ddywedyd llawer am y tai cwrw ar y Suliau. Ni byddai'n mynychu tai o'r fath o gwbl, ond credai oddi wrth yr hyn a glywai fod llawer iawn o ddiota'n digwydd yn y ddau Dŷ'n Llan ar ddydd yr Arglwydd. Gellir tybio ei fod o ran ymarweddiad yn tueddu at fod yn ddichlyn onid hefyd yn biwritanaidd.

Tipyn yn ochelgar ydoedd y tri thyst hyn yn eu datganiadau; gan eu bod yn honni eu bod yn cerdded i'r eglwys yn gyson ar y Suliau caffent gyfle i wybod yn lled dda am gyflwr pethau yn y diotai cyfagos, ac ni allent fod yn ddieithr i'r anhrefn a ffynnai ynddynt. Y mae'n amlwg na fynnent mewn unrhyw fodd ymgysylltu â'r tyrfwyr a heidiai i'r ddau dŷ cwrw ar y Sul, nac ar ddyddiau eraill ychwaith, y mae'n debyg.

Yr oedd y tyst nesaf yn rhyddach ei dafod ac yn llai gochelgar — gallai ef o'i brofiad ei hun, peth ohono'n brofiad lled chwerw, dystio'n lled bendant am yr anhrefn a'r terfysg a nodweddai un o'r ddau Dŷ'n Llan ar y Sul, ac yn enwedig am yr hyn a ddigwyddodd yno ar un dydd Sul ym mis Gorffennaf neu fis Awst, 1654 — y mae'n rhyfedd na allai ar bwys ei brofiad fod yn fwy pendant ynglŷn â'r dyddiad. O ran enw, Robert Williams ydoedd y tyst hwn, ac ar ddyddiau gwaith enillai ei fywoliaeth fel crydd, neu gobler yn ôl y disgrifiad swyddogol ohono. Ar y Sul neilltuol y cyfeiriai ato, a Sul a gofiai'n dda ar waethaf ei anallu i'w nodi'n fanwl o ran dyddiad, galwyd arno i fyned i'r Tryfan yn gydymaith i lawfeddyg. Ni ddywaid pwy oedd mewn angen triniaeth yno, ac felly nid oes gennym onid tybio mai'r dafotwraig enbyd Dorothi Griffith sydd mewn cam hwyl ar y pryd. Beth ddarfu iti, O Ddorothi? Pa anhwyldeb a feiddiai ddyfod yn agos atat ti? Ai wedi ysigo dy gefn yr wyt ar ôl cludo drws ffrynt y Bryngwyn yr holl ffordd i'r Tryfan a thithau'n weddw drigain oed? Nage, ni ddigwydd hyn am flwyddyn a hanner yn ddiweddarach, y dydd cyntaf o Ragfyr, 1655. Ai wedi cyflawni rhyw gamp fabol arall nas cofnodwyd yr oedd Dorothi? Nid oes wybod beth a allai hi ei wneuthur pan gynhyrfer ei dig.

Efallai nad oedd y llawfeddyg yn dewis wynebu Dorothi ei hunan, a'i fod wedi gofyn i'r crydd fod yn gydymaith iddo, ond yr oedd yn rhaid bod rhywbeth pwysig yn galw am i ddau gymwynaswr fyned i'r Tryfan ar y Sul, o bob diwrnod. Bid a fo am hynny, gellir tybio bod yr oruchwyliaeth arbennig wedi ei chwpláu'n foddhaol, ac i'r llawfeddyg a'i gynorthwywr gael pryd o fwyd yn ddilynol — 'aros i de' yn ôl iaith ein dyddiau ni. Y mae'n sicr hefyd i Ddorothi eu gollwng ymaith gyda gorchymyn caeth ar iddynt fyned i'r gwasanaeth gosber yn yr eglwys. Ni wyddom fawr am grefyddolder y llawfeddyg, ond y mae gennym dystiolaeth Robert Williams ei hun ddarfod iddo fyned i'r gwasanaeth yn eglwys Llanwnda, un ai i gyflawni gorchymyn Dorothi Griffith neu ynteu oddi ar awydd i gydymffurfio â hen arfer.

Ar derfyn yr awr weddi aeth Robert gyda chyfaill a'i enw Robert Lloyd Llwyn y Gwalch, i dŷ William Griffith i dorri tipyn o syched a allai godi'n ddigon naturiol yng Ngorffennaf neu Awst. Efallai hefyd fod Robert Williams yn teimlo y gallai gael tipyn o gyfeddach ar bwys y ffi a gafodd yn y Tryfan yn y prynhawn. Eithr gan amledd y diotwyr a lanwai'r tŷ nid gwaith hawdd i'r ddau newydd-ddyfodiad ydoedd cyrraedd y bar, ond ar ôl caffael yr hyn a geisient symudodd y ddau gyda llestr yn eu llaw i gyfeiriad y drws, i fwynhau'r ddiod yn yr awyr agored allan o dwrf a baldordd y tŷ. A fu i Robert y crydd yn ei awydd i gael ymwared oddi wrth awyr drymaidd a chlebran tyrfus y tŷ golli peth o'i ddiod ar ddillad un o'r dyrfa neu ynteu yn anfwriadol daro yn erbyn llestr diod rhywun? Neu a oedd gan un o'r cwmni hen gyfrif yn erbyn Robert a manteisio ar y cyfle i'w dalu? Nid yw'r cofnodion yn rhoi unrhyw gymorth i ateb y cwestiynau hyn, eithr nodir yn bendant i Robert — y crydd, y cydymaith meddyg, yr eglwyswr a'r cyfeddachwr — gael ei drywanu yn ei gefn hyd onid oedd ei waed yn llifo — haerai llawer llythyr cyhudd yn y dyddiau hynny fod colli gwaed wedi dilyn pob ymosodiad, a gellir tybio bod tipyn o ormodiaith yn y cyhuddiad.

Ni wyddom beth a fu effaith yr helynt ar y cwmni a lanwai'r dioty y nos Sul honno, ond gwyddys i'r ymosodiad ar Robert Williams fod yn achos i'r ymchwiliad gerbron y Sesiwn Chwarter a grybwyllwyd yn barod. A chymryd bod y pedwar tyst a alwyd i'r ymchwiliad yn onest a chywir eu datganiadau — yr oedd y pedwar yn ddynion ar eu llw — nid yw'n anodd penderfynu beth oedd cyflwr moesol Llanwnda yn 1655. Y mae'n amlwg y ffynnai llawer o anhrefn a chyfeddach yn y diotai yn enwedig ar ddydd yr Arglwydd, ond dylid cofio ar yr un pryd yr ymgadwai rhan dda o'r plwyfolion rhag ymroi i amharchu'r Saboth a chreu cynnwrf ac anhrefn, gan ddewis yn hytrach gadw mewn heddwch a thawelwch ar eu haelwydydd eu hunain. Nid oes raid cymryd mai Rhisiart Thomas Glan Rhyd, Ifan Llwyd y Tryfan Bach a Dafydd Llwyd Garth y Glo oedd yr unig enghreifftiau o wŷr bucheddol yn y fro. Ni allai'r awdurdodau gwladol yng Nghaernarfon fod yn ddiymwybod ynglŷn â chyflwr pethau ar y Sul yn y ddau Dŷ'n Llan sydd dan sylw. Nid oedd onid tair milltir rhwng y diotai hyn a'r dref ei hun; mwy na hynny, trigai un o'r swyddogion uchaf, Thomas Williams o'r Dinas, o fewn llai na hanner milltir i eglwys Llanwnda, ac os arferai ddilyn y gwasanaethau crefyddol yno ar y Sul ni allai fod yn ddieithr i'r anllywodraeth a ffynnai yng nghyffiniau ei randiroedd ei hun. A ddisgwylid i gwnstabl y plwyf gadw llygad ar y tai ac ar y diotwyr? Efallai, ond y mae'n lled debyg mai pur ddiofal ydoedd ei oruchwyliaeth yn y cysylltiad hwn.

Gellir gofyn hefyd a oedd yr esgeuluso ar foddiannau eglwysig a'r mawr gynnull i'r tai cwrw yn arddangos maint anghymeradwyaeth y werin i'r newid a fu ar y drefn eglwysig oddi ar 1640. Gan brinned y cofnodion am weithrediadau'r Profwyr a weinyddai'r deddfau eglwysig a drefnwyd gan y gwrth-frenhinwyr nid yw'n hawdd gwybod maint y newid a fu ar y drefn eglwysig yn Llanwnda. Yn 1649, gŵr a'i enw John Prichard ydoedd ficer y plwyf, ac ar ddim a wyddom i'r gwrthwyneb fe eill mai ef oedd y gweinidog yn 1655 hefyd. Gan fod y tystion a nodir yn yr ymchwiliad ger bron y Sesiwn Chwarter yn sôn am wasanaeth gosber (*evening prayers*) gellir cymryd y cynhelid moddion cyson yn yr eglwys, er, efallai, nad yn ôl trefn y Llyfr Gweddi y cedwid hwynt. Y mae'n amlwg nad oedd y trefniadau ar y pryd yn dderbyniol gan ran fawr o'r plwyfolion; hynny oedd yn peri bod tai cwrw mor llawn hyd yn oed yn ystod yr awr weddi. Gellir dywedyd ymhellach hefyd nad oedd dylanwadau crefyddol hyd hynny wedi symud gwerin Cymru ymhell iawn oddi wrth y grefydd a ffynnai yn y wlad cyn dyddiau Harri VIII.

Oddi wrth nodyn a roed uwchben cofnod a berthyn i'r flwyddyn 1655 gwelir nad oedd rhai o'r trefniadau eglwysig wedi eu dileu gan ddeddfau'r Rhyfel Mawr a'r Weriniaeth:

"Nodiad o enwau'r plwyfolion a'r rhydd-ddeiliaid yn Llanwnda a dalodd y Dreth Eglwys i Thomas Lloyd, un o wardeniaid y plwyf yn 1655."

Gwelir bod yr arfer o osod treth eglwys ac o enwi wardeniaid yn aros dan y drefn newydd, ac mai ynglŷn â threfn y gwasanaeth y bu'r newid mwyaf; tybiwyd yn dda hefyd symud amryw o'r gweinidogion ar sail drwg fuchedd neu esgeuluso dyletswyddau. Teifl rhestr y cyfranwyr at y dreth eglwys yn Llanwnda dipyn o oleuni ar agwedd rhai o'r plwyfolion amlycaf tuag at y drefn eglwysig newydd yn gystal ag ar eu hagwedd tuag at y drefn wladol a oedd mewn grym yn y cyfnod hwnnw. Rhestr fer yn ddiau oedd yr un a gofnodai'r cyfraniadau at y dreth eglwys sydd dan sylw:

Thomas Williams, Ysw.	15	0
Robert Jones, rheithor Llandwrog	3	11
William Lloyd, Ysw.	1	4
Richard Brereton, boneddwr	1	0
Thomas Morgan, gwehydd	0	2
William Griffith, saer coed	1	6
Huw ap Rhisiart ap William John	1	4
Cadwaladr Williams	1	4
Hugh ap Robert Thomas	0	2
William David John	0	9
John ap Rhisiart Morgan	0	6
Margery John	0	3
Griffith Jones	5	0
William ap Richard Penrhos	0	8
William ap Rhisiard ap Huw	0	6
Catrin Morgan	0	1
Gruffydd Huw, gwehydd	1	8
Rhisiard ap Huw	0	4
	35	6

Efallai y dylid crybwyll na chynhwysa'r rhestr enw neb onid y sawl a drigai yn y rhan isaf o'r plwyf, sef y rhan a orwedd rhwng y ffordd fawr bresennol a glan y môr. Yr oedd cyfrif y rhan uchaf o'r plwyf mewn cofnod arall, ond ni chadwyd hwnnw ymysg cofnodion Sesiynau Chwarter Caernarfon. O fanylu ar y rhestr uchod gwelir nad yw'n cynnwys enwau rhai o brif rydd-ddeiliaid y rhan isaf, ac y mae'n deg cymryd na chyfrannodd y rheiny tuag at y dreth eglwys. Ymhlith y cyfryw gellir enwi William Wyn o Blas Llanwnda, Huw Meredydd o Bengwern, Huw Lewis o Blas yn Bont, Robert Griffith o Bengwern Bach. Nid oes gyfrif fod neb o deuluoedd y rhai hyn wedi cymryd unrhyw ran yn y gwahanol ymgyrchoedd a fu yn y fro yn ystod y Rhyfel Mawr, ac efallai y gellir dyfalu mai'r rheswm dros iddynt wrthod cyfrannu at y dreth eglwys yn 1655 ydoedd bod eu cydymdeimlad ar du'r brenin a'u bod yn anghymeradwyo'r drefn a sefydlwyd gan y Weriniaeth.

Am Thomas Williams o'r Dinas sydd a'i enw'n uchaf ar y rhestr gellir cymryd ei fod ef yn wrth-frenhinwr ac yn gefnogydd i'r Senedd — pan gofir ei fod yn fab yng nghyfraith i Ruffydd Jones Castellmarch y mae'n ddigon hawdd deall ei ymlyniad ef wrth drefn Cromwel. Am Robert Jones, rheithor Llandwrog, gellir dywedyd ei fod yntau o ddeulu Castellmarch; diswyddwyd ef gan y Profwyr am ryw reswm neu'i gilydd, ond yn lled fuan llwyddodd i gael ei swydd yn ôl.

Yr oedd William Lloyd Bodfan yn fab i Dafydd Llwyd, perchen ystad Garth y Glo, ac oddi wrth ei gwerylon â rhai o blwyfolion brenhingar Llandwrog casglwn fod William Lloyd yn ffafrio trefn y Weriniaeth. Os oedd Richard Brereton, Tŷ Hen, yn perthyn i Andreas Brereton Llanfair-is-gaer, cynrychiolydd tirol Syr Thomas Myddleton yn sir Gaernarfon, ni fyddai'n ormod inni gymryd mai tipyn o Weriniaethwr ydoedd Richard Brereton hefyd. Am William Gruffydd y saer gellir cymryd mai ef oedd y gŵr a ddaliai drwydded un o'r ddau Dŷ'n Llan y soniwyd amdanynt o'r blaen. Un o rydd-ddeiliaid Pengwern Bach ydoedd Cadwaladr Gruffydd, a thrigai Gruffydd Jones yn Rhedynog Felen. Ychwanegir 'Penrhos' at enw un William ap Rhisiart, ac y mae hynny'n gymorth i benderfynu ym mha le yr oedd ei drigias. Un o gyffiniau'r Pengwern ydoedd Catrin Morgan ac oddi wrth un helynt y bu ynddi gwyddys mai math ar fasnachwraig ydoedd. Arferai fynychu marchnadoedd Amwythig, Caer a Wrecsam, a chyrchu amryw nwyddau oddi yno.

Hyd yma bûm yn sôn am y safle eglwysig yn Llanwnda yn 1655, ac am anhrefn y tai cwrw yno; allan o gofnod yr ymchwiliad a wnaed gan Sesiwn Chwarter haf y flwyddyn honno efallai na ellir tynnu ychwaneg na hyn.

Buasai'n ddiddorol gwybod am gyflwr y werin ar y pryd, o safbwynt gwaith a chyflog, prisiau a chyflenwad rheidiau byw, a hefyd am helynt y tlodion a'r methiannus — yr oedd byd gwell ar y werin yn 1655, ar waethaf y rhyfel a fu yn y wlad, nag ydoedd ar ddechrau'r ganrif. Lled brin ydyw'r moddion sydd ar gael i gadarnhau hynny.

Prin hefyd ydyw'r defnyddiau sydd gennym at wybod beth oedd agwedd plwyf Llanwnda tuag at y pynciau pwysig a gaffai sylw'r wlad ar ôl 1640; cydnabyddir mai ychydig bwys a roid ar farn y werin ei hun ac mai'r gwŷr cefnog yn unig a feddai ar hawl i farn a llafar. Gellir gofyn beth oedd nifer y sawl o blwyf Llanwnda a wasgwyd i ymladd ar du'r brenin ac ar du'r Senedd. Nid yw'n hawdd ateb, ond efallai fod ychydig oleuni i'w gael o ystyried rhestrau'r rhai a gynorthwyid o'r gronfa a geffid o Drethoedd y Milwyr Anafus. Oddi ar ddyddiau y frenhines Elisabeth yr oedd y goron wedi ymryddhau o bob cyfrifoldeb ynglŷn â chynnal y gwŷr a analluogwyd yn ei rhyfeloedd, ac wedi trefnu bod i'r gwahanol siroedd trwy dreth arbennig ar y rhydd-ddeiliaid godi cronfa at roi pensiwn i bob milwr a aethai trwy ei anafau yn analluog i weithio ac i'w gynnal ei hun a'i deulu. Bychan ryfeddol oedd y pensiwn ar y gorau, tua phymtheg ceiniog yn yr wythnos. Rhwng 1650 a 1660 ni roid llawer o sylw i geisiadau am bensiynau ond yr eiddo cyn-filwyr a fu'n ymladd tros y Senedd; ar ôl yr Adferiad nid oedd drugaredd i neb onid y rhai a fu'n dwyn arfau ar du'r brenin. Yn y cyfnod cyntaf, dau filwr anafus yn Llanwnda a dderbyniai bensiwn, ac wrth gwrs, ar ochr y Senedd yr ymladdent hwy. Dau bensiynwr oedd yma ar ôl 1660, ac ymhlith cefnogwyr y brenin y buont hwy'n ymdeithio o faes i faes. Mantais fawr iddynt ydoedd gallu tystio iddynt wynebu lluoedd Cromwel yn Naseby a Phreston neu ddilyn Syr John Owen hyd at y Dalar Hir.

Wrth orchymyn y Comisiynau Cynnull (*Commisioners of Array*) gelwid ar bob cwmwd i anfon nifer penodol o wŷr i ddwyn arfau, a phennid bod nifer penodol i'w hanfon allan o bob plwyf. Ni wyddys beth oedd nifer y rhai a ddychwelodd yn ddianaf nac ychwaith nifer y sawl a gollwyd yn y gwahanol frwydrau ac ysgarmesoedd, eithr y mae'n debyg mai ychydig ydoedd nifer y rhai o Lanwnda a wysiwyd i'r gad. Mewn rhai parthau o sir Gaernarfon, yn enwedig y parthau hynny a oedd dan awdurdod brenhinwyr eiddgar — Cefnamwlch, Penmorfa, Llanllechid — yr oedd rhif y pensiynwyr ar ôl 1660 yn lled uchel, a thybir bod y sawl a wysiwyd o'r rhannau hynny i ymladd dros y brenin yn dra lluosog. Nid oes sôn, fodd bynnag, ddarfod i neb o ysgweiriaid Llanwnda godi i'r amlwg ar du'r brenin.

Bu Elis Rowland, yr Anghydffurfiwr pybyr, yn dal bywoliaethau Clynnog a Llanwnda am gyfnod ar ôl 1657, ond yr oedd ei ddyfodiad yn rhy hwyr i newid llawer ar y safle grefyddol yn y fro. Dywedir mai dau Anghydffurfiwr oedd ar gael ym mhlwyf Llanwnda yn 1662 (y tebyg yw mai Anghydffurfwyr Protestannaidd yn hytrach na phenboethiaid Pabyddol oeddynt); os bu eu rhif yn fwy yn nyddiau Cromwel bu adferiad y brenin ac ailsefydlu'r drefn esgobol yn foddion iddynt fel lluoedd eraill wrthgilio oddi wrth Anghydffurfiaeth pan ddymchwelwyd awdurdod y Piwritaniaid.

Oherwydd nad oes nemor gofnodion ar gadw i brofi bod trigolion Llanwnda yn euog o dorri'r deddfau a wnaed gan y Weriniaeth i gosbi'r sawl a arferai lwon a rhegfeydd, a dorrai'r Saboth neu a yfai i ormodedd, ni ellir cymryd bod y plwyfolion yn well eu hymarweddiad na thrigolion rhannau eraill; yn well na Llanllyfni, dyweder, lle gwysiwyd gŵr neilltuol o flaen y Sesiwn ar gyhuddiad o feddwi, a lle gosbwyd Sian, gwraig Sion ap Rhisiart, am iddi ddwyn ŷd i'r felin ar y Sul. Yn well na Llandwrog ychwaith, lle y dirwywyd Thomas Glyn, o deulu Plas Newydd, am gymryd enw Crist yn ofer a thyngu yn enw'r Drindod, a lle cosbwyd 'Syr' Josua

Lewis, curad y plwyf, am feddwi yn nhref Caernarfon. Griffith Jones Castellmarch ei hun oedd yr ustus a farnai achos y gŵr eglwysig, a dyma ei gofnod am hynny:

"I have convicted upon my own view upon Saturday, March 8 1655, Joshua Lewis, otherwise called Sir Joshua Lewis of Llandwrog, clerk, of drunkenness within the liberties of Caernarvon."

Wel, wel. Gŵr mewn urddau'n ei roi ei hun yng ngafael awdurdod nad oedd iddi fawr o gydymdeimlad â'r hen drefn eglwysig. Yr oedd Robert Jones, rheithor Llandwrog, yn gâr â'r ustus, ac y mae'n sicr nad oedd ymollyngdod ei gurad yn foddhaus i Robert Jones ychwaith ac yntau ei hun ychydig flynyddoedd yn flaenorol wedi bod dan ôg y Profwyr.

Ni ddywedaf ychwaith fod pobl Llanwnda yn rhagori ar ben Llŷn, ond y mae'r hanes ar glawr ddarfod i Robert ap Thomas Gruffydd, un o wardeniaid plwyf Llangwnnadl, ganiatáu cadw Gwylmabsant yn y lle ar yr ail o Hydref 1653, a'r dydd hwnnw yn digwydd bod yn ddydd yr Arglwydd. Heblaw gwerthu diod gadarn a hynny mewn helaethrwydd i rai a gynullodd yno o bellafoedd bro caniatawyd gwerthu llawer iawn o dybaco hefyd. O ystyried natur y pethau a werthid yn y lle ni ryfeddwn wrth ddeall fod ambell galon wedi llawenychu y diwrnod hwnnw nes peri dadwrdd a chynnwrf yno. Yr oedd hyn yn waeth trosedd, y mae'n ddiau, na'r eiddo Alsi ferch Rhisiart, merch ddibriod o'r un fro, a alwyd gerbron y Sesiwn Chwarter beth amser yn ddiweddarach oherwydd iddi ar ddydd yr Arglwydd gario basged yn cynnwys afalau a chnau.

Fe ddichon nad oedd troseddau yn erbyn eiddo, megis mân-ladradau, yn fwy cyffredin yn nyddiau'r Weriniaeth nag ar gyfnodau eraill, cynt ac wedyn. Yr oedd cosbau am droseddau o'r fath yn dra llym, ond ar waethaf carchar a fflangellu ni lwyddid i atal rhai pobl rhag gosod dwylo chwannog ar eiddo'u cymdogion. Yn wir, gwelir oddi wrth gofnodion y Sesiynau yn nyddiau'r Stiwardiaid fod mwy o erlyn am fân ladradau nag am unrhyw ffurf arall ar drosedd.

Gadewch inni sylwi ar achos William ab Ieuan o Lanwnda, gŵr a oedd yng ngwasanaeth un o wragedd mwyaf bonheddig y cwmwd, Elen Glyn, Glyn Llifon, gweddw

Thomas Glyn. Yn Sesiwn haf 1656 cyhuddid William o ladrata dau gibynaid o halen. Ni ddywedir ai eiddo Elen Glyn ydoedd yr halen — o'r braidd y gellid disgwyl i neb o bobl gyffredin fod yn berchen cyfran mor helaeth o halen. Yr oedd un peth yn gryn ychwanegiad at y trosedd — lladratawyd yr halen ar Ionawr 25 1655/6, dydd a ddigwyddai fod yn ddydd yr Arglwydd; yn wir, fe eill mai yn ystod yr amser yr oedd Elen Glyn yn y gwasanaeth yn eglwys Llandwrog y bu'r lladrad. Nid o'i fwriad ei hun y troes William i fod yn lleidr — offeryn oedd ef yn llaw merch hudolus a'i henw Jane Lewis; honno a'i denodd ef oddi ar lwybr uniondeb. Y gwaethaf oedd, efallai, iddo ddwyn cymaint swm o halen — digon i gyflenwi angen un teulu am amser lled faith. Yr oedd Jane Lewis yn barod dan gyfarchwyl yng ngharchar Caernarfon yn aros ei phraw. Ni lwyddodd i sicrhau meichiafon; fe ddichon bod iddi enw adnabyddus fel lladrones, ac na fynnai neb ymrwymo drosti. Sicrhaodd William ddau feichiau, Ifan Morus, melinydd o Lanwnda a Thomas Jones, glwfer o Gaernarfon, a chafodd ei draed yn rhyddion hyd adeg y Sesiwn, beth bynnag a fu ei hanes ar ôl hynny. Nid oedd yn anfantais iddo fod Edmwnd Glyn, brawd-yng-nghyfraith i Elen Glyn, yn un o ustusiaid y Sesiwn. Er cymaint ei sêl dros Bresbyteriaeth ac er dyfned ei argyhoeddiad gwrth-frenhinol gweinyddai gyfiawnder gyda llawer o drugaredd, a chaffai'r gair o fod yn ystyriol tuag at y tlawd a'r diamddiffyn.

Fel yr awgrymwyd yn barod rhannol iawn ydyw'r adolygiad a geir yma ar fywyd Llanwnda yng nghanol yr ail ganrif ar bymtheg, ac er nad yw'n faes a llawer o ddiddordeb a gwerth yn perthyn iddo gellir dywedyd ei fod yn faes na bu ond ychydig iawn o lafurio arno hyd yn hyn.

PLAS DINAS

[Cyfieithwyd o'r Saesneg gwreiddiol]

Ω

MAE'N YMDDANGOS nad oedd Dinas yn gartref i sgweiar cyn hanner cyntaf yr ail ganrif ar bymtheg; neu dichon y byddai'n fwy cywir i mi ddweud na wn i am neb sydd â'i breswylfod yn gysylltiedig â'r Dinas cyn i Thomas Williams, mab ieuengaf Syr Thomas Williams o'r Faenol, fynd yno i fyw yn ystod blynyddoedd cynnar yr ail ganrif ar bymtheg. Bu farw Syr Thomas yn 1636, a daeth yn angenrheidiol i frawd ieuengaf y Barwnig newydd gael hyd i gartref newydd iddo'i hun. Cafodd perchnogion y Faenol afael ar diroedd eang yn Arfon tros gyfnod o gan mlynedd, yn enwedig y tu mewn i ffiniau trefgordd hynafol Dinorwig, a hawdd felly oedd i'r teulu neilltuo'r gyfran honno o'r ystad a oedd ym mhlwyf Llanwnda at ddefnydd yr ail fab.

Cynigiai'r Dinas safle hyfryd ar gyfer plasty. Mewn rhyw oes hynafol cawsai'r lle ei droi'n amddiffynfa o ryw fath, a chafodd yr enw Dinas Dinoethwy — yr un enw, medd rhai, â Din Octavius. Ceir amddiffyniad cyffelyb iddo yn Ninas Dinlle i'r gorllewin, ac yn Ninas Dinorwig i'r dwyrain, a gellir gweld cloddiau'r hen gaer ar yr ochrau gogleddol a gorllewinol hyd heddiw. Oherwydd ei safle ganolog, gwelid o'r Dinas olygfeydd eang o Ddinorwig hyd Yr Eifl ac o lan y môr hyd Eryri. Mae'n gorwedd yng nghornel ogleddol cwmwd Uwch-Gwyrfai, ym mhlwyf Llanwnda, tua dwy filltir i'r de o dref Caernarfon.

Nid hawdd yw dyfalu a oedd adeilad wedi'i godi o fewn cloddiau'r hen gaer cyn 1630 ai peidio, ond mae'n bur debyg fod y tir amgylchynol wedi bod yn cael ei amaethu. Daliai'r werin y deuai anlwc wrth ymyrryd ag olion hynafol, a dichon mai dyma pam y mae cymaint ohonynt wedi goroesi hyd heddiw. Gellid crybwyll Dinas Dinorwig fel eithriad i'r rheol, gan fod ffermdy wedi cael ei godi ar gopa'r gaer yno; ond os oedd Dinas wedi aros heb i neb amharu arno, tystiai hen ffermydd megis Yr Allt Goch, Y Ddreinias a Geufron fod y tiroedd o'i gwmpas wedi cael eu defnyddio ers amser maith.

Rhan o hen drefgordd Bodellog oedd y Dinas, ac i'r de yr oedd ffin hen drefgordd Llanwnda. Nid oedd ffin naturiol, ddaearyddol rhwng y ddwy drefgordd, ond gan fod dogfen ar gael sydd yn cyfeirio at 'Thomas Williams, Dinas Bodellog', mae'n sicr mai rhan o Fodellog oedd y Dinas ddiwedd yr unfed ganrif ar bymtheg. Yr oedd William ap Madog, Pengwern — dyn a oedd yn enwog am ddwyn tir — wedi llwyddo i feddiannu tiroedd yn nhrefgordd Llanwnda, ond methodd yn ei ymdrechion i gael gafael ar dir ym Modellog. Nid oedd y Dinas yn nhrefgordd Llanwnda, ac felly ni chafodd lecyn hyfryd y Dinas yn rhan o'i eiddo. Gyda llaw, o dan yr hen drefn Gymreig, Bodellog (a adwaenir heddiw fel Plas y Bont) oedd preswylfod pennaeth y drefgordd.

Mewn dogfen yn dyddio o 1644, cawn fod Thomas Williams yn perthyn i Lincoln's Inn, Swydd Middlesex. Dengys hyn fod Thomas Williams, fel cymaint o feibion y Cymry cefnog, wedi astudio'r Gyfraith. Nid oedd y cyfnod yn un heddychlon — yr oedd y Rhyfel Cartref yn ei anterth ers dwy flynedd, ac nid oedd y canlyniad eto'n amlwg. Byddai'n naturiol i Thomas Williams ochri efo'r brenin, yn bennaf oherwydd ei gysylltiadau teuluaidd efo'r Archesgob John Williams; ond pan drodd yr Archesgob i gefnogi'r Seneddwyr, dichon y bu i Thomas Williams a'i frawd yn y Faenol ailystyried eu safle eu hunain. Serch hynny, amgylchiadau eraill oedd yn gyfrifol am iddynt droi eu côt yn derfynol, gan gefnogi plaid y Senedd. Cefnogydd mwyaf brwd cyfundrefn Cromwell yn sir Gaernarfon oedd Griffith Jones, Castellmarch, ac yr oedd un o'i ferched wedi priodi sgweiar y Faenol, a'r ferch arall, Jane, wedi priodi â Thomas Williams — enghraifft o ddau frawd yn priodi dwy chwaer. O 1642 ymlaen, gwasanaethodd y ddau frawd ar sawl comisiwn a benodwyd gan y Senedd, ac yn 1646, penodwyd Thomas Williams yn siryf sir Gaernarfon. Ni cheir unrhyw dystiolaeth ei fod' wedi gadael i'w ddaliadau politicaidd ymyrryd â'i ymlyniad wrth yr hen drefn eglwysig. Roedd yn ddigon naturiol i berthynas i'r Archesgob barhau'n eglwyswr ffyddlon, ac oherwydd hyn, prin yr aflonyddwyd ar drefn grefyddol Llanwnda yn ystod teyrnasiad y Piwritaniaid. Penodwyd wardeniaid, cafodd y dreth eglwysig ei chasglu a chynhaliwyd y gwasanaethau'n gyson yn yr eglwys. Gwelir enw Thomas Williams ar ben rhestr y rhai a dalodd y dreth eglwys yn 1655.

Wedi dienyddiad y brenin, daeth rhywfaint mwy o heddwch i'r wlad, ac mae'n ymddangos fod Thomas Williams wedi troi ei sylw fwyfwy at ei faterion personol. Wrth ddod i'r Dinas, yr oedd wedi prynu rhai clytiau o dir i'r de o diroedd y plas oddi wrth nifer o berchnogion gwahanol — disgynyddion o bosibl i gyn-denantiaid hen drefgordd Llanwnda. Trwy gyfrwng y pwrcasiadau hyn, llwyddodd Thomas Williams i ymestyn ei ystad.

Ar ochr orllewinol yr ystad, fodd bynnag, cafodd gryn drafferth i gadw ei hawliau. Ar yr ochr hon, cynhwysai hen drefgordd Bodellog diroedd a ymestynnai hyd at y ffordd a arweiniai dros Bont Faen o Gaernarfon i Ddinas Dinlle. Mae'n debyg fod tenantiaid y tiroedd hyn wedi arfer hawl ers cyn cof i gyrracdd y ffordd tros lain o dir a oedd ar un adeg yn dir comin, ond a oedd wedi ei ddwyn tua thri chwarter canrif ynghynt gan y tirfeddiannwr barus William ap Madog, Pengwern. Yn y cyfamser, rhannwyd ystad Pengwern — llwyddodd teulu'r Wynniaid, Plas Llanwnda, disgynyddion uniongyrchol i William ap Madog, i hawlio un rhan o'r ystad tra cafodd teulu Meredydd, Mynachdy Gwyn y rhan arall, er nad oeddynt yn perthyn i William ap Madog. Mynnai Thomas Williams fod ei denantiaid islaw'r Dinas wedi bod â'r hawl erioed i gyrraedd y ffordd isaf, ond ni allai perchennog newydd Pengwern gytuno, ac aeth y mater yn achos llys. Gallwn fod yn siŵr fod Thomas Williams, fel aelod Lincoln's Inn, yn gwybod cryn dipyn am y gyfraith, ac yn medru deall hen ddogfennau cyfreithiol. Gan ei fod hefyd â chysylltiadau â theuluoedd mwyaf dylanwadol y sir, ni chafodd drafferth i ennill ei achos. Yr oedd gan y Dinas ei hun lôn hwylus i gyrraedd y ffordd rhwng Caernarfon a Phwllheli, wrth gwrs.

Yn 1653, adeiladwyd plasty helaeth ar y safle, ac erys hyd heddiw garreg ar un o'r muriau gyda'r arysgrif

1653
T.W.
J.W.

Rhaid oedd wrth blasty fel hyn i gynnal parchusrwydd pâr priod megis mab y Faenol a merch i Griffith Jones, Castellmarch. Ond ni chafodd Thomas Williams oes hir i fwynhau ei blasty newydd, a bu farw ef a'i frawd jll dau yn 1656. Yr oedd Margaret Williams, y Faenol, wedi marw ers deng mlynedd, ond cafodd ei chwaer yn y Dinas fyw am ddeng mlynedd ar hugain ar ôl colli ei gŵr. Ni allwn ddweud erbyn hyn a oedd Thomas Williams yn dal y Dinas fel tenant i'w frawd hŷn, y Barwnig, ynteu fel perchennog. Gan ei fod wedi marw'n ddi-blant, gall mai cael ei gymryd yn ôl i Ystad y Faenol oedd tynged tiroedd y Dinas. Ond ceir dogfennau dyddiedig 1653 sydd yn dangos fod Jane Williams, fel etifedd ei gŵr, â'r hawl i roi prydlesi ar diroedd ym Modellog.

Yn 1660, wedi adferiad y frenhiniaeth, cawn ddarlun o Jane Williams fel dynes gyfoethog o safle uchel yn y gymdeithas, wrth ddarllen ei bod wedi derbyn cais am dri march at ddefnydd y fintai newydd o ddynion a ffurfiwyd rhag ofn gwrthryfel newydd gan y Pengryniaid. Nid oes unrhyw dystiolaeth fod Jane Williams wedi dioddef amharch gan y brenhinwyr ar ôl yr Adferiad, er i'w thad a'i gŵr roi cefnogaeth i'r Seneddwyr. Fesul tipyn edwinodd yr elyniaeth a fodolai rhwng y ddwy ochr yn ystod ac yn union wedi'r Rhyfel Cartref, ond nid felly y bu yn hanes Glynniaid Plas Newydd a Wynniaid Bodfuan — dau deulu a wrthododd gymryd unrhyw ran yn yr ysgarmesoedd a ddigwyddodd godi yn eu hardaloedd yn ystod y rhyfel, ond yn hytrach a ganolbwyntiodd ar hybu eraill i wrthryfela yn erbyn llaw ddur y Piwritaniaid. Wedi dyfodiad Siarl II i'r Orsedd, yr oeddynt yn ddyfal a llym wrth erlid ac erlyn y rhai a oedd gynt yn gefnogwyr i achos y Senedd.

Oherwydd ei chysylltiad â theulu Castellmarch, ac oherwydd gweithredoedd ei gŵr, cafodd Jane Williams ei hystyried yn berson o ddylanwad yn y sir; ac yr oedd ei natur garedig a chyfeillgar yn denu llawer un i ofyn iddi ei briodi. Wedi pedair neu bum mlynedd o weddwdod, bu'n canlyn yr Anrhydeddus Thomas Bulkeley, trydydd mab yr Arglwydd Bulkeley o Baron Hill. Roedd wedi bod yn byw ers rhai blynyddoedd ym Maes y Castell yn Nyffryn Conwy, ac eisoes yr oedd wedi ennill enw iddo'i hun yn y sir. Cynyddodd ei rym a'i ddylanwad oherwydd y briodas ac oherwydd ei fod bellach yn byw yn y Dinas. Cafodd bob cefnogaeth hefyd gan ei wraig newydd. Pan fu farw Syr Robert Williams, Penrhyn, yn 1676, cafodd Thomas Bulkeley ei le fel Aelod Seneddol sir Gaernarfon, ac fe ddaliodd y sedd am ddeng mlynedd ar hugain, ar wahân i gyfnodau byrion pan gafodd ei ethol yn aelod dros sir Fôn, Biwmares neu Fwrdeistrefi sir Gaernarfon.

Trefnwyd bywyd y cartref yn y Dinas yn null yr hen blastai Cymreig a'u sgweiriaid. Yr oedd dyddiau'r hen feirdd crwydrol wedi mynd heibio, a dim ond ychydig oedd ar ôl i ganu cywyddau mawl a marwnadau i'w noddwyr, ond efallai y cawn, gyda peth petruster, dderbyn disgrifiad Owen Gruffydd Llanystumdwy o Jane Bulkeley. Yn y farwnad a ganodd iddo, mae'n ei disgrifio fel boneddiges garedig a chroesawgar. Bu farw yn 1687, a chladdwyd ei gweddillion yn Llanbeblig.

Erbyn hynny, fodd bynnag, yr oedd anghytgord eto yn y wlad. Yr oedd y brenin Iago II wedi colli teyrngarwch a ffyddlondeb rhan helaeth o'r boblogaeth, oherwydd ei weithredoedd unbenaethol. Cafodd wared o'r Senedd, gan anfon yr aelodau adref; ond wedi'r ymgyrch gudd ond llwyddiannus i'w ddisodli, ailgynullodd y Senedd, gyda'r gorchwyl o sefydlu trefn newydd yn y wlad. Gofynnai hyn am i'r aelodau fod yn bresennol yn gyson, a bu raid i Thomas Bulkeley ailafael yn ei ddyletswyddau seneddol yn fuan wedi iddo golli ei wraig. Ceir yn nhrydedd gyfrol *History of England* gan Macaulay gyfeiriad wrth fynd heibio at aelod sir Gaernarfon, ond ni ellir bod yn sicr mai Bulkeley sydd dan sylw. Yn 1705, bu raid i Thomas Bulkeley roi'r gorau i'w yrfa seneddol oherwydd henaint, ac ymhen tair blynedd bu farw. Am ychydig o flynyddoedd wedyn bu ei nai, Thomas Bulkeley arall, yn byw yno.

Yn ystod yr ail ganrif ar bymtheg, meddai'r sgweiar lleol ar ddylanwad sylweddol yn ei ardal, gan lwyddo i sicrhau cyfraith a threfn yn y fro. Ond erbyn canol y ganrif ganlynol, daeth tro ar fyd a diflannodd dylanwad y sgweiriaid, ac aeth eu tai a'u tiroedd i ddwylo tenantiaid o ffermwyr. Serch hynny, cadwodd y Dinas ei statws fel plasty, ac yn 1741 daeth yn breswylfod y Parch. Richard Farrington, M.A., ficer Llanwnda a Llanfaglan, offeiriad clodwiw, hynafiaethydd brwd, a buddsoddwr mewn sawl gwaith copr yng Ngwynedd. Yr oedd yn gefnogwr pybyr i Griffith Jones, Llanddowror, ac fe lwyddodd i sefydlu nifer o ysgolion cylchynol yn ei blwyfi. Nid oedd yn ddeiliad y tir a oedd ynghlwm yn y Dinas, ac yn ei ddyddiau ef, Morris Williams, aelod o deulu o dirfeddianwyr yn Llanwnda a oedd ychydig yn is o ran statws na sgweiar, oedd yn dal tiroedd y plas.

Yn ystod blynyddoedd cynnar y bedwaredd ganrif ar bymtheg, deiliad y Dinas oedd y Capten Richard Jones, gŵr i un o ferched Morris Williams. Ymhen ychydig wedyn, trigiannydd y Dinas oedd Owen Roberts o Dŷ Mawr, Clynnog, stiward tir ystad y Faenol. Catherine, unig ferch Castell, Llanddeiniolen, oedd ei wraig, ac yr oedd ganddi naw o frodyr, a daeth pob un o'r rheiny'n ddyn o safle, naill ai o fewn y sir neu yn sir Fôn neu yn rhywle arall. Astudiai llawer o feibion plant y Castell y gyfraith, gan ddod yn dwrneiod adnabyddus; etholwyd un ohonynt, y diweddar Bryn Roberts, Bryn Adda, yn aelod seneddol dros Eifionydd am gyfnod, ac yn nes ymlaen fe'i penodwyd yn farnwr mewn llysoedd sirol.

Tra oedd Owen Roberts yn byw yn y Dinas, gwnaethpwyd estyniadau sylweddol i'r plasty gwreiddiol, a newidiwyd golwg yr adeilad i raddau helaeth iawn. Cadwodd yr ychwanegiadau hyn y plas rhag mynd yn ffermdy cyffredin fel llawer i hen blasty yn y plwyf megis Plas y Bont, Bodaden, Plas Llanwnda a'r Pengwern. Ymsefydlodd Owen, mab hynaf Owen a Catherine Roberts, yn Llundain, ac ymhen amser daeth yn glerc i Gwmni Anrhydeddus y Gweithwyr

Defnydd. Yn rhinwedd ei swydd bu modd iddo sefydlu dulliau newydd yn y diwydiant gwau, ac yn y man cafodd ei anrhydeddu'n farchog am ei wasanaeth i'r Cwmni a'r diwydiant fel ei gilydd. Bu ei frawd, John Hugh Roberts (a adwaenid fel John H. Bodfel-Roberts) mewn sawl swydd bwysig yn sir Gaernarfon, ac yn 1890 ef a ddewiswyd yn glerc Cyngor Sir Gaernarfon, a oedd newydd ei sefydlu.

Priododd merch Syr Owen Roberts, Elizabeth, â Syr Robert Armstrong Jones, yr awdurdod enwog ar anhwylderau'r meddwl. Eu mab hwy yw Ronald Armstrong Jones, Q.C., tad David Anthony Armstrong Jones, a enillodd serch y Dywysoges Margaret.

ANESMWYTHYD YN ARFON

YN Y

DDEUNAWFED GANRIF

Ω

Y MAE'R ddeunawfed ganrif wedi derbyn sylw lled fawr
mewn blynyddoedd diweddar, ond mor bell ag y mae a fynno
â Chymru rhoddwyd y pwyslais ar hanes y diwygiadau
crefyddol a'r adfywiad llên a ddigwyddodd yn y ganrif
honno. Nid oes le i gwyno oherwydd hyn — dylid olrhain
hanes pob agwedd ar egnïon yr oesau; ond yr ydys yn
dechrau deall erbyn hyn fod i fywyd gwladol a chymdeithasol
y ddeunawfed ganrif werth a diddordeb neilltuol, ac, yn fwy
na'r cwbl, y mae hanes y werin a'r bobl gyffredin yn llawn
diddordeb ac addysg.

Yn wir, gellir dywedyd mai yn ystod y ddeunawfed ganrif y
dechreuodd y werin ddangos ei bod yn rhywbeth ar wahân
oddi wrth y dosbarthiadau uwch — y mae fel maban mewn
crud yn dyfod yn ymwybodol o gynnydd mewn corff a nerth
ac yn protestio yn erbyn y cadachau a'r rhwymau a roddwyd
amdano. Mewn amseroedd cynharach cysylltid y werin â'r
dosbarth oedd, yn y graddau cymdeithasol, ris neu ddau'n
uwch na hi. Er enghraifft, yr oedd y werin yn yr ail ganrif ar
bymtheg yn gweithredu'n ôl fel y gorchmynnai ac y
cyfarwyddai'r ysgweiriaid a drigai yn eu mysg. Nid oes
gennym fawr gyfri bod y werin ei hunan wedi amlygu barn

bersonol ynglŷn â'r anllywodraeth wladol a nodweddai flynyddoedd cyntaf y ddau deyrn o hil Stiward a fu'n gwisgo coron Lloegr, a phan ddaeth rhyfel rhwng y brenin a'i Senedd ochrai'r werin yn gyffredin yn ôl fel y cyfarwyddai'r ysgweier neu'r tir-arglwydd a breswyliai yn y fro.

Mewn gwirionedd, nid ystyrid bod gan y werin unrhyw hawl i goledd barn ar y problemau gwladol, nac ychwaith unrhyw hawl i fynegi barn pe digwyddai feddu ar un. Eithr erbyn y ddeunawfed ganrif yr oedd y werin yn dangos bod hollt yn yr haenau, a bod y werin yn haen wahanadwy a gwahanedig. Y mae'n deg i ni geisio olrhain beth oedd yr achosion fu'n gweithredu i beri'r cyfnewidiad.

Yn oes y Tuduriaid bu newid mawr yng Nghymru a Lloegr yn wladol, yn gymdeithasol ac yn eglwysig. Daeth dirymiant ar hen drefnau'r Oesoedd Canol, ac yn y cythrwfl hwnnw bu llawer o ddioddef ac o anhrefn, o galedi ac o drais — y werin, bid siwr, fydd yn teimlo fwyaf oddi wrth bob anghyfiawnder a ddaw o gynyrfiadau gwladol a chymdeithasol.

Yn yr unfed ganrif ar bymtheg trawsnewidiwyd hen fywyd y wlad, a daeth dosbarth newydd o bobl i afael â thiroedd y wlad ac â phob hawlfraint ac awdurdod a berthynai i feddiant tir. Am y werin ei hunan, aeth honno'n dlawd a diamddiffyn, ac aeth rhan fawr ohoni'n grwydriaid a segurwyr — nid oedd gan y swyddogaeth wladol dermau gwell i'w disgrifio na "rogues and vagabonds", termau oedd mewn gwirionedd yn fwy o gondemniad ar y swyddogaeth honno'i hunan nag ar y trueiniaid a gam-enwid ac a ddirmygid ganddynt.

Yr oedd cyflwr y werin yn achos cymaint o anghyfraith ac anhrefn fel y bu raid ar y llywodraeth chwilio am foddion dro ar ôl tro, i geisio osgoi'r peryglon a gyd-gerddai â dioddefaint y werin. Aeth dynion yn segur i ddechrau, ac yna'n dlodion; yn naturiol aethant waeth-waeth nes datblygu i fod yn grwydriaid, yn lladron ac yn ddihirod. Yr oedd hyn yn hollol naturiol, hynny yw, yn perthyn i natur ei hun — ceir yr un drefn yn union ymhlith creaduriaid direswm pan fo anghenion y corff yn fwy na'r cyfleusterau i'w diwallu. Eithr erbyn diwedd yr ail ganrif ar bymtheg yr oedd y mwyafrif mawr o hiliogaeth y "rogues and vagabonds" wedi troi i fod yn wladwyr tawel, yn weithwyr gonest ac yn werin fodlon.

Pa fodd y daeth y newid? Gellid nodi llawer rheswm, **ond**

efallai mai'r pwysicaf ydoedd sefydlu trefn yr ysgweiriaid yn y wlad. Nid yw'r drefn hon, o ran ei hanes a'i dylanwad, wedi derbyn cymaint o sylw ag a ddylasai; ond y mae iddi hanes a dylanwad ag y byddai'n fuddiol i ni eu hastudio a'u deall.

Ar lawer cyfrif gellir dywedyd bod y drefn honno'n un o'r rhai mwyaf llwyddiannus a bendithiol a fu yn ein gwlad erioed — y mae hyn yn sicr, yr oedd yn ddynol ac yn dadol. Yr oedd yn ddynol am fod ynddi lawer o diriondeb a thegwch; yr oedd yn dadol am fod ynddi warchodaeth a chydymdeimlad. Pwy oedd yr ysgweiriaid hyn? Efallai fod mwy nag un radd ohonynt, ond y dosbarth gorau a lluosocaf ydoedd y rhai a gynrychiolai hen deuluoedd y wlad, hiliogaeth y bobl oedd uchaf yn y drefn gymdeithasol a barhaodd yng Nghymru, ac yn Lloegr hefyd i raddau llai, drwy gydol yr Oesoedd Canol. Safent radd neu ddwy'n uwch na'r werin, ond trigent yn ei chanol a chadwent yn agos at ei bywyd a'i helyntion.

Yr oedd eu hanedd-dai'n wychach a helaethach nag eiddo eu tenantiaid a'u gweision, eu byd ychydig yn frasach na byd y llafurwyr a drigai gerllaw, a'u hurddas yn gyfryw ag a ofynnai barch gan ddarn lled helaeth o wlad. Perthynai iddynt eu rhagorfreintiau a'u traddodiadau, ac ni fynnent ddyfod i gyfathrach gwaed â neb ond â rhai o'u dosbarth eu hunain. Fel rheol, yr oeddynt yn ustusiaid, a thrwy hynny'n geidwaid heddwch ac yn weinyddwyr cyfraith.

At hynny hefyd, yr oeddynt yn golofnau cryfion yn y drefn eglwysig, yn credu'n gryf mewn brenin ac esgob, ac yn lled anfoddog i dderbyn unrhyw newid mewn byd nac eglwys. Y mae'n anodd gwybod beth a ddigwyddasai yn ein gwlad ar ôl trais ac anghyfiawnder dyddiau'r Tuduriaid oni bai am gyfodiad trefn dawel a digynnwrf yr ysgweiriaid. Nid yw'n gam i ni bwysleisio eto fod y drefn honno'n ddynol ac yn dadol — gwyliai'n gyson dros amgylchiadau'r werin, a gwarchodai hi pan fyddai afiechyd, neu ryw anhap cyffelyb, yn dyfod i ran y bobl gyffredin.

Efallai y gellir cyfrif i'r drefn ysgweiraidd weled ei dyddiau euraid rhwng 1660 a 1760. Araf a digynnydd, i raddau helaeth, ydoedd bywyd gwledig Cymru a Lloegr ar y pryd, ond gellir dywedyd bod bodlonrwydd yn ei nodweddu'n gyffredin. Yn ymarferol, yr oedd yr ysgweier a'r offeiriad (ceraint oeddynt, y rhan amlaf) y naill yn cynrychioli'r drefn wladol, a'r llall y drefn eglwysig, yn cyd-weithio â'i gilydd i gadw'r werin yn ddiddig a digyffro. Darllener pennod Macaulay ar 'The State of England in 1685' a gwelir nad oes yno nemor awgrym am anystywallter nac anniddigrwydd ym mywyd y werin gyffredin, ac er tloted oedd y bywyd hwnnw mewn llawer cysylltiad nid oes amheuaeth nad ydoedd yn llwyddiannus mor bell ag y mae heddwch a bodlonrwydd yn werthfawr ym mywyd gwlad.

Credwn, gan hynny, ddarfod i'r ysgweiriaid mewn canrif o amser newid bywyd y werin, dyrchafu'r bobl gyffredin o fod yn "rogues and vagabonds", a'u gwneuthur yn genhedlaeth ddiwyd a gweithgar (mor ddiwyd a gweithgar ag y gofynnai eu byd araf a thawel iddynt fod), a gosod yn eu calon barch at gyfraith a threfn. Os byddai gwŷr yn anystywallt, buan iawn y dygai'r ysgweier (ac yntau'n ustus hefyd) gyfraith y tir i'w gostegu a'u gwastrodi. Os byddai gwŷr yn gystuddiedig neu'n afiach, buan y dygai'r ysgweier (ac yntau'n warden a gwarcheidwad) ran o'i gynhysgaeth ac o dreth ei blwy i gynnal y tlawd a'r rheidus. Ni fu llaw'r ysgweier yn drom, ond bu'n gadarn ddigon — ni pherthynai iddi fawr gorthrwm, ond ni chaniatai lawer o ryddid.

Gwelodd y drefn ei chanolddydd yn 1688, pan wnaeth, heb dywallt gwaed, yr un gamp ag a wnaethai'r oes flaenorol drwy ryfel hir a blin, sef diorseddu'r olaf o'r giwed Stiward a fynnai reoli gwlad wrth fympwy a thrwy drais. Ond ar awr ei goruchafiaeth daeth ambell gwmwl i'w hwybren. Dechreuodd Lloegr ar gyfnod hir o ryfela â'i chymdogion ar y Cyfandir, ac yma y cawn achosion pennaf y dirywiad a'r dirymiant a ddaeth i'r drefn a ddisgrifiwyd gennym. Tuag at ryfela daeth galw am drethi ychwanegol, ac ar yr ysgweier yn fwy nag ar y werin y disgynnai baich y dreth.

Fel y codai'r dreth, âi byw'n waith anodd i'r ysgweier, ac fel y cyfyngid ar ei fyw dirymid ei allu a'i awdurdod. Ni allai fod yn llai tadol na chynt, ac nid oedd achos iddo na moddion ganddo i fod yn llai dynol. Heblaw cynnydd yn ei drethi a'i gostau byw collai hefyd yn ei bwysigrwydd gwladol. Daeth rhaib am dir i blith y dosbarth oedd uwchlaw iddo, a chaewyd darnau helaeth o'r wlad a'u rhoi yn nwylo'r tirfeddianwyr mawr.

Yn nhymor tawel ei fri aethai'r ysgweier yn bur ddiofal, ac ni chadwodd mor dynn wrth safon foesol ei dadau ag y dylasai: pan ddaeth dyddiau anodd ni allai'r ysgweier trwy amlder moddion na thrwy rym meddwl sefyll yn erbyn y galluoedd a'i bygythiai, ac i lawr yr aeth. Aeth yn waeth ar y werin hefyd. Fel y cerddai'r ddeunawfed ganrif ymlaen, amlhau a wnâi'r rhyfeloedd a thrymhau a wnâi eu beichiau, a chyn wired â hynny, gwaethwaeth yr âi helynt yr ysgweiriaid.

Eithr, fel y dywedwyd yn barod, y mae pob newid trefn yn golygu caledi a dirwasgiad cynyddol ym myd y werin, ac yn y newid a ddaeth yn nyddiau'r ddeunawfed ganrif bu'n rhaid i'r gwerinwr oddef caledi na wybu ei dad na'i daid ddim oddi wrtho. Efallai nad y dirwasgiad hwn a barodd i egnïon gwaith a llafur dorri allan i gyfeiriadau newydd — i weithio glo a haearn, i godi ffatrïoedd a llaw-weithfeydd — ond aeth yn amhosibl i'r werin fyw'n gysurus pan oedd y drefn a'u cysgodai'n prysur ddadfeilio. Collwyd yr elfen ddynol a thadol o'r bywyd gwledig; yn y drefn a ddilynodd ni cheid onid "trechaf treisied, gwannaf gwaedded".

Yr ydys bellach wedi dyfod at y cyfnod a adwaenir fel oes y 'Chwyldro Diwydiannol'. Yn gyffredin, cymerir y flwyddyn 1760 fel amser dechreuad y Chwyldro hwn, ond o sylwi ar hanes cymdeithasol y wlad yn lled fanwl gwelir fod y symudiad erbyn y flwyddyn a nodwyd yn ei lawn rwysg. Yn wir, cawn yn 1740 fod llawer llannerch dawel wedi ei throi'n fangre boblog a thrystfawr, a llawer rhanbarth unig yn faes diwydiannol prysur a phwysig. Yn y mannau hyn cynhullid pobloedd o lawer bro ac ardal, ac nid oedd yr amgylchiadau y trigent danynt yn gyffelyb o gwbl i amgylchiadau'r hen ardaloedd. Nid oedd i'r ysgweier awdurdod yn y lleoedd newyddion, ac nid oedd llaw'r gyfraith cyn gryfed ag yr arferai fod yn nyddiau'r llafur gwledig a'r bywyd tawel.

Nid oedd y diwygiad crefyddol hyd yn hyn, ychwaith, wedi dysgu'r bobl i fod yn oddefgar ac yn ufudd i'r awdurdodau bydol. Nid yw'n rhyfedd, gan hynny, fod y werin bellach yn dyfod yn ymwybodol o'i bodolaeth ei hun, i feddwl drosti ei hun ac i fynegi ei barn. Ac fel y dywedwyd yn barod, pe cyfodai anfodlonrwydd ymysg y bobl gyffredin nid oedd foddion i'w ostegu megis yn y dyddiau gynt.

Yn y mannau a ddaeth yn drigfeydd i weithwyr y

mwynfeydd a'r ffatrïoedd, ychydig iawn o ymdrech a wnaethpwyd gan yr awdurdodau eglwysig i ddarparu ar gyfer anghenion ysbrydol ŷ bobl. Fel y gwyddys, yr oedd malltod wedi disgyn ar fywyd yr eglwys yn gyffredinol, ac ni châi offeiriad cydwybodol (ac nid oeddynt mor brin â hynny ar y pryd) nemor o gefnogaeth gan ei uchafiaid, na llawer o barch am ei boen. Yr oedd tynnu ymaith ddau ddylanwad mor effeithiol â'r ysgweier a'r eglwys o fywyd gwlad, a hynny gyda chryn sydynrwydd, yn sicr o effeithio'n ddirywiol ar fywyd a buchedd y werin, ac nid yw'n rhyfedd fod elfennau tra gwrthnysig ac anystywallt yn datblygu'n gyflym yn y parthau diwydiannol.

Eithr, rhag i ni anghofio, yr oedd llawer achos arall i'r anesmwythyd a godai ymhlith y gweithwyr — y mae'n amheus gennym a fu cyfnod arall yn hanes ein gwlad pan weithiai cymaint o wahanol achosion tuag at beri newid yn y wlad. Ni ellid dywedyd pa rai oedd yr achosion cryfaf, ond yr oedd effeithiau'r cwbl gyda'i gilydd yn dra nerthol. Dyma rai o'r achosion — amledd rhyfeloedd, cynnydd yn y boblogaeth, drudaniaeth bwyd, cau'r tiroedd, dirymiad yr hen drefn, marweidd-dra crefyddol.

Go anaml yn hanes ein gwlad y bu cymaint â dau o'r achosion hyn yn cydweithio ar fywyd y bobl — y mae'r cyfuniad o'r cwbl yn y ddeunawfed ganrif yn rhyfeddol, ac oni bai am y diwygiad crefyddol a ddaeth yn yr un ganrif (diwygiad, gyda llaw, y mae'r arfer gan un ran o'n cenhedlaeth ei ddifrïo, ei ddilorni a'i ddirmygu, a hynny o ddiffyg astudio'n fanwl ei le a'i ddylanwad ar ein gwlad), oni bai am y diwygiad crefyddol, y mae'n ddilys mai alaethus iawn a fuasai hanes ein gwlad cyn diwedd y ganrif y soniwn amdani. Bu cryn lawer o gythrwfl a therfysg — y syndod yw iddynt beidio â datblygu i fod yn rhywbeth llawer gwaeth.

Gwaith mawr yw dilyn hanes tarddiad a chynnydd yr achosion a enwyd gennym. Gallwn wrth fyned heibio, megis, sylwi ar ychydig o'r hanes hwnnw. Dyna amledd rhyfeloedd. Nid sôn yr ydym am achosion y rhyfeloedd, ond am effeithiau'r rhyfel ar fywyd cymdeithasol ein gwlad. Teimlai gwladweinwyr y dyddiau hynny mai mater o ddyletswydd gwladol a moesol ydoedd mynd i ryfel yn erbyn gwledydd eraill. Nid arhosodd yr un gwladweinydd i astudio beth a fyddai effaith y rhyfeloedd ar fywyd cysefin y wlad, ac ni freuddwydiodd yr un ohonynt am geisio rhag-ddarpar rhag i'r werin ddioddef caledi oherwydd ymladdgarwch y llywiawdwyr.

Yn ystod y ganrif, William Pitt, Arglwydd Chatham, oedd yr unig un a roddes sylw ar dymor rhyfel i anghenion y bobl gyffredin; a'u tawelu trwy roddi bwyd rhatach iddynt, tra byddai ef yn rhyfela â Ffrainc, oedd ei amcan pennaf yntau, ac nid ymdeimlad o ddyletswydd tuag at y werin nac ychwaith argyhoeddiad y dylid rhoi ystyriaeth i'w sefyllfa.

Pan elwid rhyfel gofynnid am gyflenwad bwyd i'r fyddin a'r llynges; achosai hynny ddrudaniaeth a phrinder yn angenrheidiau bywyd y wlad yn gyffredinol. Gosodid treth hefyd ar lawer o gysuron yn ogystal ag ar foethau bywyd, a thrwy hynny beri baich trymach ar y bobl oll. Na feier y llafurwyr a'r gweithwyr pan lefant yn erbyn.

Ynglŷn â chau'r tiroedd y mae'n anodd siarad yn ddi-nwyd nac yn ddi-duedd. Ni roddwyd unrhyw ystyriaeth i hawliau'r werin yn yr achos hwn, neu, a'i roi mewn geiriau eraill, fe ofalodd seneddwyr a chyfreithwyr ein gwlad nad oedd yr ystyriaeth o unrhyw fudd i'r bobl a ddifreinid.

Yn yr unfed ganrif ar bymtheg bu newid mawr ar drefn dir ein gwlad, a dioddefodd y werin yn fawr drwy'r newid. Bu eilwaith newid yn y ddeunawfed ganrif, a'r werin a gollodd y tro hwn hefyd, a hynny'n llwyrach a mwy di-obaith nag yn y cyfnod cyntaf. Anodd gennym weled pa drais a fyddai mynnu'r tir yn ôl yn ein dyddiau ni — ymlusgodd y wlad rywfodd drwy'r ddau drais a grybwyllwyd; paham na allem ymlwybro hefyd trwy drais newydd (os trais hefyd) o fynnu'r tir yn ôl oddi ar y rhai a'i cafodd mor rhwydd yn nau dymor y gorthrwm? Y mae'n debyg mai'r hyn yr anghytunem fwyaf arno fyddai pwy sydd i gael y tir wedi ei gymryd yn ôl.

Nid ydym yn anghofio bod i fater y tir yn y ddeunawfed ganrif rai agweddau sy'n eu cymell eu hunain i gymeradwyaeth gyffredinol. Nid yn unig fe gaewyd rhandiroedd eang, ond gwellhawyd amaethyddiaeth y wlad drwodd a thro; a dysgir ni weithiau y buasai'n amhosibl i'r wlad gynnal y boblogaeth yn niwedd y ganrif oni bai am y gwelliant mawr a'r cynnydd amlwg a ddaeth i amaethyddiaeth gyda chyfundrefn cau'r tiroedd. Ond ein pwnc yn awr yw perthynas y mudiad ag anesmwythyd cymdeithasol y ddeunawfed ganrif.

Un o'r safonau sy gennym i farnu cyflwr bywyd gwlad wrthynt ydyw pris yr ŷd — y mae cysylltiad agos iawn rhwng bodlonrwydd mewn bywyd a'r pris a delir am angenrheidiau bywyd. Nid yw'n bosibl rhoi rheol bendant ynglŷn â hyn — yr oedd llawer o amrywiaeth ym mhrisiau'r ŷd o dymor i dymor yn ogystal ag o fro i fro. Ar gynhaeaf da byddai toreth o ŷd yn y farchnad, a'r pris yn lled isel; ar gynhaeaf drwg byddai'r ŷd yn brin a'r bwyd yn ddrud. O gymryd cyfnodau o ugain mlynedd gwelir bod prisiau'r ŷd yn codi o gyfnod i gyfnod, ac o gymharu prisiau 1800 â phrisiau 1700 gwelir bod y codiad yn aruthrol. Cafwyd rhyfeloedd ar hyd y cyfnod rhwng y ddwy flwyddyn a nodwyd, ac mor sicr ag yr âi'r wlad i ryfel byddai cynnydd ym mhris yr ŷd, eithr nid mor sicr y dygai heddwch ostyngiad ynddo. Goddefer un dyfyniad gan awdurdod ar y pwnc:

"Yn ystod deuddeng mlynedd cyntaf y ganrif (sef y 18fed) £1 18s 3c oedd cyfartaledd pris yr ŷd, naw mesur Winchester. Ond yn y deuddeng mlynedd cyn 1764 (a chynnwys y flwyddyn honno) yr oedd cyfartaledd pris yr un swm yn £2 1s 9c" (1)

Gellir gweled effaith rhyfel ar brisiau'r ŷd trwy gymryd y pris ym marchnad Rhydychen yn 1755 a'r pris yn yr un farchnad ddwy flynedd yn ddiweddarach (a dylid cofio bod Rhyfel y Saith Mlynedd wedi dechrau yn 1756):

Yn 1755, £1 9s 11½c.

Yn 1757, £3 0s 5½c.

Ccir adlais o galedi'r dyddiau yn llythyrau Goronwy Owain. Ysgrifenna o Walton at John Rowlands, Clegir Mawr, Môn, heb ddyddiad i'r llythyr:

"Yr ydwyf fi yn talu yma bum swllt a chwecheiniog y mesur am y gwenith, Winchester measure. Y mae'r gwair yn wyth geiniog y Stone; hynny yw, ugain pwys y cwyr am wyth geiniog; yr haidd yn ddeuswllt a deg ceiniog, a thriswllt y Winchester measure: a phob peth arall yn ol yr un pris." (2)

Eithr sylwer beth a ddywed William Morris yn ei lythyr at ei frawd Rhisiart tua'r un adeg:

"Ni welodd 'y nhad wychach cynhauaf nag a gafed ym Môn —
tywydd odiaethol heb fod yn rhy wresog nag yn rhy oerllyd, ag yn
sych 'rhyd yr amser. Llawnder mawr, a dyma ŷd brynnwyr yn
dechreu rhoddi prisia braf yn barod am haidd 15 neu 16 y peg." (3)

Cofier er hynny mai prynwr oedd Goronwy druan, ac mai
gwerthwr ydoedd gŵr Pentre Eirianell — dwy safle hollol
wahanol i benderfynu natur prisiau.

Y mae crybwylliad yn llythyr William Morris am
ddosbarth oedd yn fwrn ar y wlad, sef "ŷd brynwyr". Yr
oedd tri dosbarth o'r cyfryw, a gelwid hwy yn Saesneg wrth
yr enwau "fore-stallers, engrossers and regraters". Gwaith y
rhai hyn ydoedd (a) prynu'r ŷd ymlaen llaw, (b) prynu'r holl
gynnyrch oedd ar y farchnad, (c) cadw'r ŷd ar law er mwyn
codi ei bris, ac, yn naturiol iawn, yr oedd cyd-ddeallttwriaeth
rhyngddynt a'r amaethwyr.

Yr oedd syniad masnachol y wlad yn y dyddiau hynny yn ei
gwneuthur yn hawdd i'r rhag-brynwyr, a'r llwyr-brynwyr a'r
hir-oedwyr chwarae eu chwarae. Yn gyntaf, yr oedd galw
Llundain am fwyd yn cynyddu'n barhaus, ac o ddarllen
hanes siroedd canolbarth Lloegr gwelir fel yr oedd y galw
hwnnw'n estyn cylch y farchnad yn barhaus. Ni allai'r
siroedd agosaf i Lundain gyflenwi'r gofynion gyda threigl y
blynyddoedd, a chyrchid fwyfwy i'r siroedd y tu hwnt i
gyfarfod ag anghenion Llundain. Parai hyn fod pris yr ŷd yn
codi'n barhaus yn y rhannau gwledig — onid oedd yn well i'r
amaethwyr werthu i Lundain am bris uwch nag i'r werin o'u
deutu am bris llai? Yn ail, rhoddid tâl i'r amaethwyr am
allforio ŷd o'r wlad hon i'r Cyfandir, gan y credid yn
gyffredinol mai lles i safle ariannol y wlad hon ydoedd
gwerthu cymaint ag oedd yn bosibl i wledydd eraill a phrynu
cyn lleied ag a ellid, fel y ceffid, wrth wneuthur y fantolen ar
ddiwedd blwyddyn, fod mwy o aur yn dyfod i'r wlad hon nag
a âi allan ohoni.

Pan oedd y wlad hon yn dibynnu bron yn gyfangwbl ar yr
ŷd a gynhyrchid o fewn ei therfynau ei hun, nid oedd ganddi
foddion bob amser i hepgor rhan o'i chnwd i borthi
cenhedloedd eraill, a chan fod y cynnyrch amaethyddol yn
lleihau fel y cynyddai'r gweithwyr yn y diwydiannau ac yr
amlhai'r boblogaeth yn y trefi, âi'n fwy anodd beunydd i'r
wlad hon allforio ŷd heb wneuthur cam â'i thrigolion ei hun.

Ac yn hyn, fel ymhob peth arall, y werin a ddioddefai gyntaf a mwyaf. Efallai hefyd fod safon bywyd yn araf godi yn y trefi, a bod mwy o alw am wenith a haidd a llai am rŷg. Bu raid i'r tlodion yn aml fodloni ar rŷg, peth oedd yn llawer llai maethlon a chynhaliol na'r ydau gorau. Yr oedd rhai o drigolion Llundain yn gorfod byw ar fara rhŷg am y mynnai'r amaethwyr gadw'r gwenith a'r haidd ar gyfer y marchnadoedd drutaf.

Yn un o wythnosolion y flwyddyn 1729 ceir y nodiad hwn:

"Dydd Sadwrn, Ebrill 12, 1729.
Ar y pumed o'r mis hwn cyrhaeddodd long o Dantzick gyda Rhŷg, er mawr lawenydd i'r tlodion oedd mewn cyfyngder mawr oherwydd y Prinder a achosir gan Esgeulustra a Bariaeth yr Amaethwyr na ddygant eu hŷd i'r Farchnad." (4)

Gwaethygu yr oedd cyflwr y werin ar ôl 1729 nes bod erbyn canol y ganrif yn annioddefol. Y mae rhai o gofnodwyr yr oes honno'n llawdrwm iawn ar y werin am ei bod yn anfoddog ac yn dyrfus. Noda un awdur fod yr ysbryd cythrwfl a therfysg wedi cynyddu'n fawr iawn erbyn y flwyddyn 1760, a chredwn ein bod yn barod wedi nodi'r prif resymau tros y tyrfu a'r cynhyrfu. Yr oedd yr hen rwymau wedi eu datod, ac nid oedd yn werth gan arweinwyr y wlad dreiddio i achosion yr anesmwythyd a'r terfysgoedd. Nid ymhlith y werin yn unig yr oedd anfodlonrwydd.

Yr oedd cyflwr gwladwciniaeth Prydain yn dra phydredig, ac yr oedd cenfigen, casineb, a ffafriaeth yn elfennau amlwg yn y llywodraeth. At hynny hefyd yr oedd tuedd y llywodraeth i gyfeiriad erledigaeth, gorthrwm a llwgrwobrwy. Nid oedd diogelwch yn seiliau'r cyfansoddiad gwladol, na thegwch yng ngweinyddiad cyfiawnder a barn. Rhwng pob peth yr oedd sefyllfa yn 1750, dyweder, yn ddrwg iawn, ac yn waeth fyth erbyn 1760. Ni ddylid synnu felly fod anesmwythyd mawr yn y wlad.

Yn y cofnodion misol a geir o newyddion y blynyddoedd hynny gwelir bod terfysgoedd yn nodweddu hanes pob cwr o'r wlad, ac yn enwedig y mannau a ddaethai yn gyrchleoedd gweithwyr a mwynwyr. A'r prif achosion i'r terfysgoedd ydoedd drudaniaeth a phrinder.

Meddai Goronwy Owain yn 1752:

"Waethwaeth yr â'r byd wrth aros yma: prin y gellir byw yr awrhon... a pha fodd amgen, tra bo y brithyd am goron y mesur Winchester?"

Efallai mai cwyno oedd yr unig beth a allai'r dosbarth y perthynai Goronwy iddo ei wneuthur, ond yr oedd y werin yn llai dan rwymau i ddioddef yn ddistaw, ac yr oedd y newid a ddaethai dros gyflwr cymdeithasol y wlad erbyn 1750 yn gyfryw ag a'i gwnaethai'n bosibl i'r werin fynegi ei barn. Yn ymarferol, yr oedd y rhyfel a'r chwyldro a fu yn y wlad yn yr ail ganrif ar bymtheg yn codi oddi ar ystyriaethau o drais a gorthrwm gwladol; hynny yw, yr oedd yr ysgweiriaid yn protestio ac yn ymladd yn erbyn gormes a fynnai eu hysbeilio o'u hawlfreintiau a'u rhyddid.

Yn y ddeunawfed ganrif yr oedd y werin mewn terfysg oherwydd prinder bwyd, ac y mae sicrhau angenrheidiau'r corff yn fwy pwysig i werin na diogelu hawliau a breintiau gwladol. Yr oedd mantais neilltuol gan yr ysgweiriaid i allu amddiffyn eu cam; yr oedd eu traddodiadau a'u diwylliant yn gystal a'u heiddo materol yn gymorth iddynt drefnu eu lluoedd a sicrhau buddugoliaeth. Hyd yn hyn, nid oedd neb wedi breuddwydio bod addysgu gwerin yn ddyletswydd na mantais, ac yn gyffredin iawn yr uchaf ei gloch a'r gwylltaf ei syniadau a ddeuai'n arweinydd ymhlith y werin. Oherwydd hyn cyfodai perygl — pan ymwylltiai'r werin ni ellid disgwyl iddi ymddwyn yn bwyllog nac yn ddoeth. Ac y mae'r hanes yn profi na feddai'r bobl gyffredin syniad clir beth allai fod y moddion gorau iddynt wella eu cyflwr a symud eu baich.

At hyn oll hefyd, arhosai ymhlith y dosbarthiadau uwch lawer o hen ddirmyg tuag at y werin, a hefyd rhyw gred fod y dosbarthiadau isaf yn gynhenid ddrwg — wrth natur yn lladron ac ysbeilwyr — ac mai llaw'r gyfraith oedd yr unig beth a'u cadwai rhag ymollwng i ddilyn eu tueddiadau ysbeilgar a llofruddiog. Yr oedd yn dra phwysig felly i'r werin, yn nyddiau ei hanystywallter, fod ei gweithredoedd yn gyfryw ag a dderbyniai gymeradwyaeth yr holl genedl. Eithr yng nghynyrfiadau'r ddeunawfed ganrif, fel arall y bu.

Ni feddai'r gweithwyr arweinwyr doeth, neu, os oedd

ganddynt, nid yn ôl eu cyngor hwy y gweithredent. Y mae amledd y cythryflau, cyffredinolrwydd y terfysgoedd ac eithafrwydd y gweithrediadau'n dangos mai o'r un achos y cyfodai'r cwbl, eithr y mae'n amlwg nad oedd cyd-ddealltwriaeth rhwng y werin yng ngwahanol rannau'r wlad.

Yr oedd moddion trafnidiaeth yn araf a moddion cymundeb yn anhylaw yn y dyddiau hynny, a thrwy hynny yr oedd cyd-ddealltwriaeth yn beth rhy anodd i'r werin allu manteisio dim arno.

Sôn am amledd y cythryflau — yr oeddynt yn lluosog iawn tua chanol y ddeunawfed ganrif. Yr oedd bro Caernarfon ei hun yn un o'r rhai cynharaf i dorri dros y tresi, oherwydd bu cryn gythrwfl yn y dre yn y flwyddyn 1752, ac ymhen pedair neu bum mlynedd ar ôl hynny yr oedd y terfysgoedd yn digwydd ymhobman. Edrycher ar restr y lleoedd y bu helyntion ynglŷn â bwyd ynddynt yn 1756 a 1757 — Northampton, Coventry, Sheffield, Kidderminster, Llwydlo, Wellington, Amwythig, Fforest Dena, Frome, Manceinion, Petworth, Arundel, Rhydychen, Caergrawnt, Ely, Newcastle, Caerfyrddin, Efrog, Polesworth, Tamworth, Nuneaton, Caersallwg. Nid yn unig yr oedd y terfysgoedd yn aml, ond yr oeddynt hefyd yn gyffredinol iawn dros yr holl wlad, ac o'r braidd yr oedd llaw'r gyfraith yn ddigon cref i'w llethu.

Yr oedd cryn debygrwydd rhwng y ffurf a gymerai'r terfysgoedd ymhob lle — dinistrio melinau blawd, ysbeilio ystordai ŷd, rhuthro ar farchnadoedd, dal ŷd a gludid ar hyd y ffyrdd. Dengys gwaith y werin yn dinistrio'r melinau nad oedd ganddi arweinwyr doeth a phwyllog, ond efallai na ddylid disgwyl am ddoethineb yng ngweithrediadau pobl a âi'n wallgo oherwydd prinder, drudaniaeth a newyn.

Y mae'r helynt a fu yng Nghaernarfon yn ddarlun mor dda o'r hyn a ddigwyddai yng ngwahanol rannau'r wlad yn y dyddiau hynny fel ag i'n cyfreithloni am roddi'r hanes yn lled lawn.

"Ar fore braf ym mis Ebrill 1752 marchogai'r Cynghorwr Williams o Blas Glan'rafon Fawr, yn brysur tua Chaernarfon, gan ei fod wedi ei hysbysu bod chwarelwyr Mynydd y Cilgwyn a Rhostryfan yn bwriadu ymosod ar yr ystorfeydd ŷd yn Heol-y-Sir. Yr oedd yn amser caled iawn yn Sir Gaernarfon **ar y pryd** — gwaith yn **brin, nid** oedd llech-chwarelau Dinorwig **wedi eu hagor hyd** yn hyn.

"Pan ddaeth y Cynghorwr i Westy'r Sportsman, ac ef yn ŵr egnïol, galwodd ynghyd nifer dda o'r trefwyr a'u cyflenwi ag arfau — gynnau, cleddyfau, pastynau, etc., ac wedi eu hannog a geiriau brwd trefnodd hwy'n barod ar gyfer unrhyw alw.

"Nid oedd y gwrthryfelwyr yn segur ychwaith. Yr oeddynt wedi eu trefnu eu hunain ac yr oedd cytundeb rhyngddynt a hen ŵr o'r dre, disbaddwr wrth ei alwedigaeth, a arferai dramwy ar hyd y wlad i ddilyn ei waith ac a ganai gorn ar y croesffyrdd i'w hysbysu ei hun. Cytunwyd ag ef fod iddo chwythu ei gorn yn y dre os caffai fod rhyw wrthwynebiad yn debyg o godi yn erbyn y gwrthryfelwyr ar eu dyfodiad yno. Wedi trefnu'r pethau cerddodd gwŷr y wlad i mewn i'r dre tua deg o'r gloch yn y bore; a phan wybu'r disbaddwr am y trefniadau a wnaethid i'w derbyn chwythodd ei gorn lawer gwaith oddi ar hiniog drws ei dŷ yn Ne Penrallt, gyferbyn â'r lle saif capel Moria'n awr. Rhoes hyn y gwrthryfelwyr ar eu gwyliadwriaeth. Yr oeddynt erbyn hyn wedi ymgynull yn ymyl yr ystorfeydd ŷd yn Heol-y-Sir, a chwythwyd y corn. Pan ddaeth y Cynghorwr Williams a'i wŷr o'r ystryd agosaf dychrynwyd y gwrthryfelwyr a ffoisant mewn dychryn heibio i Tŷ'n y Cei a cherdded dros yr aber i'r ochr arall ac ymguddio yng nghoed Coed Alun. Ond yr oedd un ohonynt yn fwy rhyfygus na'r gweddill — arhosodd ef yng nghanol yr afon, a chan herio'r Cynghorwr a'i wŷr dywedodd nad oedd ganddynt onid powdwr heb fwledi yn eu gynnau. 'Mi a ddangosaf i ti beth sy gennym yn ein gynnau,' medd gŵr y Crown, a chan danio arno a'i lladdodd. Cynddeiriogodd hyn y gwrthryfelwyr, a chan eu had-drefnu eu hunain rhuthrasant i ganol y dwfr i sicrhau corff eu cymrawd anffodus a'i ddwyn i'r coed. Yr un amser rhuthrodd gwŷr y dre i afael yn yr hen ddisbaddwr, ac wedi byr-braw milwrol crogwyd ef o flaen yr Anglesey Inn bresennol. Ar ôl iddo fod ynghrôg am rai munudau dodwyd ef mewn arch a'i gludo i fynwent Llanbeblig. Dywedid ei fod yn cicio yn ei arch pan fwrid pridd y ddaear arno. Cafodd y gwladwyr arch hefyd i'w cymrawd, ac wedi ei phaentio'n goch a du cludasant hi trwy strydoedd y dre, ac yn y prynhawn aethant yn dorf ddifri i'w hebrwng i Landwrog i'w gladdu." (5)

Dyna'r darlun, ac efallai ei fod yn un pur gywir. Eithr y mae'n ddyledus arnom egluro tipyn ar yr enw Rhostryfan yn ei gysylltiad â therfysgoedd yr amseroedd. Tybia rhai pobl mai lle o gyfodiad cymharol ddiweddar ydyw Rhostryfan; o ran y pentre presennol felly y mae, ond fel enw ar ardal y mae'n bur hen, ac i bobl Caernarfon yn yr oes y sonnir amdani rhyw derm cyffredinol, 'generic term' chwedl y Sais, ydoedd Rhostryfan am y cefndir mynyddig oedd i ardaloedd y gwastadedd yn Llandwrog a Llanwnda, a therm a ddefnyddid o ran hwylustod i ddiffinio trigfa'r gwladwyr afreolus a ddeuai i Gaernarfon ar ddyddiau'r ffeiriau a'r helyntion.

Ni wn faint o fai oedd ar frodorion Rhostryfan dros fod yr anfri hwn wedi ei osod ar enw eu hardal, ond credaf mai ychydig iawn oedd rhif ei chwarelwyr yn 1752. Yn wir, gweithfa fechan oedd chwarel y Cilgwyn y pryd hwnnw, a thrigolion Llandwrog oedd mwyafrif y gweithwyr — y mae'n hawdd deall hynny; gan deulu Glynllifon yr oedd hawl i weithio'r chwarel.

Yn 1745 rhoddwyd prydles i John Wynn, mab Syr Thomas Wynn o Lyn Llifon, ar holl fwynfeydd, copr, alcam, plwm, cerrig, llechi, calch, etc., ym mhlwyfi Llandwrog, Llanwnda, Llanrug, Betws Garmon, Llangwstenin, Eglwys Rhos, Dwygyfylchi, Gyffin a Chonwy. Yr oedd chwiw am feddu mwynfeydd wedi gafael ym mhendefigion y tir yn yr oes honno — efallai fod llwyddiant Lewis Morris yn Sir Aberteifi wedi cymell eraill mewn gwahanol fröydd i chwilio am fwynau. Nid wyf yn meddwl mai llechi ydoedd gwrthrych pennaf ymchwil John Wynn — am gopr ac alcam y meddyliai ef fwyaf, ac y mae hynny yn un rheswm paham na ddatblygwyd chwarel y Cilgwyn yn ei ddyddiau ef.

Dywed rhai dynion fod chwarel y Cilgwyn wedi bod yn gweithio am gannoedd o flynyddoedd, ond ni wyddom am lawer o sail i ddywediad felly. Ychydig iawn o gynnydd a fu yn y Cilgwyn yn ystod y pymtheg mlynedd ar hugain y bu gan Wynn brydles arni (oherwydd llacrwydd gweinyddol y swyddogion gwladol bu'r brydles ar law Wynn am fwy na'r tymor gosodedig). Nid yw'n hawdd gwybod beth oedd rhif y gweithwyr yn y chwarel oherwydd mai'r drefn ydoedd i ychydig ddynion fod yn gymerwyr yn y gwaith, hwythau i logi llafurwyr i'w cynorthwyo.

Amrywiai rhif y cymerwyr o dymor i dymor, ac amrywiai rhif eu llafurwyr o fis i fis. Perthyn i ddosbarth y llafurwyr yr oedd y rhan fwyaf o ardal Rhostryfan, ac nid yw'n hawdd penderfynu faint oedd eu nifer yn gyffredin. Nid ydym, fodd bynnag, yn ceisio gwadu nad oedd tipyn go dda o erwindeb ac eondra'n perthyn iddynt, ac nid oes achos i neb synnu eu bod yn gallu gosod swrn o'u harswyd ar drigolion tref Caernarfon.

Ond yr ydym wedi troi ychydig oddi wrth ein pwnc. Y mae'n rhaid i ni droi'n ôl i edrych ar y darlun. Sonnir am gladdu truan yn fyw. Nid oedd annynoldeb o'r fath yn ddieithr i'r oes. O'r braidd na ellir dywedyd bod creulondeb, hyd yn oed ynglŷn â gweinyddu cyfraith, yn rhoi bodlonrwydd mawr i'r werin yn y ddeunawfed ganrif fel yn y canrifoedd cyn hynny — y diwygiad crefyddol a fu'r prif offeryn i ddynoli cyfraith a gwerin.

Yn wir, dylid lliniaru (neu foddeiddio) tipyn ar y gosodiad a wnaethpwyd yn barod fod y werin, o ymdeimlo oddi wrth ei hunaniaeth, wedi peidio â bod yn rhwym wrth ddyheuadau'r dosbarth uwch. Hyd yn oed ynghanol y ddeunawfed ganrif nid oedd yn amhosibl i ysgweier ac offeiriad gynhyrfu'r werin i ymosod yn greulon ac ynfyd ar bawb a fynnai ryw newid yn y drefn eglwysig. Darllener hanes Wesley a Whitefield yn Lloegr, Harris yng Nghymru, neu William Prisiart Clwchdernog ym Môn, a gwelir nad ydoedd y werin hyd hynny wedi llwyr anghofio'i hen ddibyniad ar ysgweier ac offeiriad. Yn wir, y mae'n anodd gwybod pa un ai yn erbyn cynhyrfwyr gwladol ai ynteu yn erbyn diwygwyr crefyddol y dangosid mwyaf o greulondeb.

Eithr rhag i chwi dybied mai pobl Rhostryfan yn unig oedd yn gallu cynhyrfu'r ddaear yn y dyddiau hynny, dylech gofio bod helyntoedd mewn llawer caer yng Nghymru heblaw Caernarfon. Dacw William Morris yn un o'i lythyrau'n cyfeirio at heldrin yng Nghaergybi. At ei frawd Rhisiart yr ysgrifennai, ar y trydydd o Ionawr 1757; dywedai fod y bobl

"wedi rhuthro ar yr ystorfeydd bwyd, eu taflu'n agored, a dwyn ymaith gaws a phethau o'r fath."

Ynfydrwydd ydoedd peth fel hyn yng ngolwg y Morisiaid - gwŷr ag oedd yn bybyr iawn dros gadw'n ddinam y drefn sefydledig mewn byd ac eglwys; eithr dengys yr amgylchiad fod pethau'n ddrwg iawn yn ardaloedd y gweithfeydd, os oedd trigolion Môn ynghanol pob toreth yn troi'n anystywallt. Nid ar wlad Môn oedd y bai, os gwir a ddywaid Goronwy amdani:

"Dyffrynoedd, glynnoedd, glannau,
Pob peth yn y toreth tau;
Bara a chaws, bîr a chig,
Pysg, adar, pob pasgedig;
Dy feichiog ddeiliog ddolydd
Ffrwythlon, megis Saron sydd,
A phrennau dy ddyffrynnoedd,
Crwm lwyth, megis Carmel oedd."

Dyna gaer arall a welodd flinfyd yn y dyddiau y soniwn amdanynt - Caerfyrddin. Yn gynnar yn y flwyddyn 1757, medd yr hanes

Un diwrnod "tua hanner dydd daeth tyrfa fawr o lowyr i dre Llacharn, ac wedi torri i mewn i ystordy, dechrau ysbeilio; ond trwy egni'r trefwyr a gwŷr bonheddig o'r cylch, ymosodwyd ar y tyrfwyr, trechwyd hwy a'u curo'n enbyd, ond gan na ddefnyddiwyd arfau tân ni laddwyd yr un ohonynt."

Ond ni fu hyn yn ddigon i darfu gweithwyr eraill yn yr un fro. Ym mis Mehefin yn yr un flwyddyn bu terfysg yng Nghaerfyrddin, drwy'r un achos ac i'r un diben. Y mae'n debyg fod y terfysgwyr yn ffyrnicach erbyn hyn nag oedd eu brodyr yn nechrau'r flwyddyn — cyn tawelu o'r cythrwfl bu yno ladd a llofruddio. Fel yng Nghaernarfon yn 1752, yr oedd yn rhaid i'r swyddogion gwladol anfon hysbysrwydd am y terfysg, ynghŷd â nodi paham y bu colli bywyd. Fel arfer, cymerai'r Llywodraeth olwg ffafriol ar waith y swyddogion lleol; ac yn yr ymchwiliadau a ddilynai gofalai'r awdurdodau fod swyddogaeth wladol yn rhydd o bob bai. Ym mis Medi 1757 bwriwyd bod siryf Caerfyrddin yn rhydd oddi wrth bob cyfrifoldeb ynglŷn â marw pump o'r terfysgwyr ym mis Mehefin.

Gellir nodi amryw enghreifftiau o derfysg yn siroedd Lloegr, ac y mae'n syn mor debyg y gweithredid ymhob man, pan gofir nad oedd cytundeb na chydfwriad rhwng gweithwyr y gwahanol fröydd. Dyma ddywedir am sir Amwythig yn 1756:

"Ducpwyd dau ar bymtheg ar hugain o lowyr i'r carchar am derfysgu yn y sir a chyflawni erchyllterau ar dymor y drudaniaeth. Bu pedwar farw yng ngharchar, crogwyd dau o'r sawl a gondemniwyd, a rhoed

Y gwanwyn dilynol dienyddiwyd dau derfysgwr yn Wensleydale (Efrog) "am ladrata blawd ar y ffordd fawr pan oeddys yn dychwelyd o'r farchnad."

Yng nghanolbarth Lloegr yr un yw'r hanes:

"Dydd Llun aeth tyrfa fawr i felin flawd rhwng Walsall a Wednesbury, ac wedi dinistrio'r felin cymerwyd hynny o flawd a allent ymaith. Yn Nuneaton, Atherstone, Polesworth a Tamworth bu cryn ddifrod ar y melinau, ysbeiliwyd llawer ffermdy, a chan fod rhai o'r marchnadwyr yn Grynwyr, niweidiwyd tri o'u capelau yn Bardsley, Heartsall ac Atherstone. Yn Nuneaton saethwyd un o'r terfysgwyr, dydd Mercher daliwyd llawer ohonynt a'u dwyn i garchar Warwick; condemniwyd pedwar ohonynt, ac o'r rhai hyn dienyddir dau ddydd Mercher nesaf.

"Cynullodd tlodion newynog Kidderminster yn y farchnad ac achosi llawer o golled i'r ffermwyr a'r ŷd-fasnachwyr. Yn Llwydlo gwnaeth glowyr y gymdogaeth yr un peth, a hynny oherwydd yr un achos, prinder. Yn Taunton, yng Ngwlad yr Haf, dinistriodd y dyrfa rhyw foddion deheuig a ddefnyddiol i gludo dŵr i'r felin, torasant i mewn a dwyn oddi yno tua hanner can sachaid o flawd a gwenith, a'i gwerthu.

"Yn Wellington (Amwythig) nid oedd y glowyr a'r tlodion wedi cael dim i'w fwyta am ddyddiau, heblaw ŷd a halen; o'r diwedd codasant ynghyd mewn nwyd a gwylltineb, a thorri i dai masnachwyr, pobwyr, a ffermwyr, gan ddwyn ymaith bob peth bwytadwy. Yn Broseley, Much Wenlock, Shifnall a lleoedd cyfagos gorfu'r terfysgwyr ar y ffermwyr ostwng pris y gwenith o wyth swllt i goron y bwsel, a'r ydau eraill yn ôl yr un herwydd; ac o'r diwedd, yn lle talu, ysbeiliasant y farchnad, hyd oni chyfododd rhai gwŷr bonheddig o'r gymdogaeth a rhuthro ar y dynion, dal yr arweinwyr a gwasgaru'r lleill. Collwyd rhai bywydau, ond ni chymerwyd onid dau neu dri i garchar Amwythig." (6)

Gellir gofyn beth a wnâi'r llywiawdwyr yn wyneb y terfysgoedd hyn. Myned i ryfel yn bur ysgafala, heb eistedd yn gyntaf ac ymgynghori a allent â deng mil gyfarfod â'r hwn oedd yn dyfod yn eu herbyn ag ugain mil. Cwmni hynod o ddiallu a diymdrech ydoedd y weinyddiaeth ar y pryd, ac yr oedd rhagfarn brenin yn cadw'r unig ŵr egnïol a galluog rhag cymryd y rhyfel mewn llaw.

Eithr ni bu cwrs y rhyfel yn hir cyn dyfod yn rhaid i ragfarn a chasineb ganiatáu i William Pitt afael yn yr awenau. Nid yw'n perthyn i ni ar hyn o bryd ddilyn hanes y newid a ddaeth ar y rhyfel ac ar ragolygon Prydain o'r dydd y daeth Pitt i awdurdod, ond gallwn ddyfynnu o gofiant y gŵr hwnnw i ddangos beth a wnaeth i gyfarfod yr anesmwythyd oedd yn y wlad.

Fel y dangoswyd yn barod yn ystod blynyddoedd Rhyfel y Saith Mynedd y digwyddodd y terfysgoedd a nodwyd gennym. Yn 1755 yr oedd pris yr ŷd yn 38 swllt y chwarter; erbyn 1757 yr oedd yn 60 swllt. Ni allai Pitt ddychmygu am wlad yn ennill rhyfel, a'r bobl eu hunain yn derfysglyd. Felly,

"ar ôl ennill cymeradwyaeth y bobl, mynnai Pitt ganddynt weithio. Eithr yn gyntaf yr oedd yn rhaid eu porthi. Yr oedd llawer o'r anfodlonrwydd ym mlwyddyn olaf ei ragflaenydd yn ddyledus i'r codiad sydyn o ddeuddeg swllt ym mhris yr ŷd. Yn ôl argymhelliad Pitt yn araith y brenin trefnwyd ymchwiliad i achosion y codiad, ar y dydd y cyfarfu'r Senedd, ac yn ddiymdroi cynigiodd nifer o foddion gwella - rhoi terfyn ar anfon ŷd allan o'r wlad; symud am dymor y tollau uchel oedd ar ŷd tramor, a chaniatáu gwerthu'n ddi-doll yr ŷd a ddelid ar longau'r gelyn. Ni fu hyn yn foddion i ddwyn yr ŷd i lawr ar unwaith (yr oedd yn £3 y chwarter yn 1757) a bu'r prisiau uchel, ynghyd â'r trethi uchel oedd yn angenrheidiol ynglŷn â'r rhyfel, yn achos grwgnach ar ran y bobl yn erbyn ei gynlluniau, fel yn erbyn ei ragflaenydd, ond cyn diwedd y rhyfel yr oedd pris yr ŷd wedi ei ostwng i safon is nag ydoedd yn 1755." (7)

Y mae'n hawdd gweled mai ym mlynyddoedd cyntaf y rhyfel y cododd yr anesmwythyd ei bwynt uchaf yn Lloegr. Erbyn 1759 yr oedd buddugoliaethau niferus yng ngwahanol rannau'r byd yn porthi'r balchter cenedlaethol, beth bynnag am ddiwallu'r werin â bara. Y mae'n amheus gennym a oedd pobl Rhostryfan yn cyfranogi o'r balchder buddugoliaethus; yr oeddynt cyn dyddiau'r chwifio baneri wedi dangos eu hanghymeradwyaeth o'r byd drud, anodd oedd iddynt yn 1758 (yn 1759 y daeth sôn am Quebec, Quiberon Bay, Senegal, Guadeloupe a Maslipatam).

Gwrandewch beth a ddywaid William Morris mewn ôl-nodiad i'w lythyr at Rhisiart ei frawd, Chwefror 13, 1758:

"Bu rhyfel yr wythnos ddiwethaf yng Nghaernarfon, y mob a ddaethant o'r chwarelydd a'r mwyn gloddiau ac a aethant i'r gaer ac a dorrasant ystorysau ac a werthasant ŷd, ymenyn a chaws am iselbris, yna meddwi a chware mas y riwl. Codi a orug y Caeryddion yn eu herbyn mewn arfeu, lladd un, anafu eraill, carcharu rhyw fagad, a gyrru'r lleill ar ffo. Rhaid i Ffrench ddyfod i'n hymweled i Frydain i edrych a wna hynny ein cyttuno a'n gilydd, ni bu erioed y fath wallgofiaid ar bobl. Duw'r heddwch a'n llonyddo, medda fi.''

Y mae gwerthu menyn a chaws ac ŷd pobl eraill am iselbris, ac 'yna meddwi', yn sicr o fod yn chwarae 'mas o riwl'; y mae gadael y werin i newynu y tu allan i reol hefyd. Eithr y mae gan William Morris bob hawl i'w farn - efallai nad i'r un blaid wleidyddol y perthynai ef a minnau pe y digwyddem fod yn gyfoeswyr.

Nid yw William Morris yn nodi'n bendant fod a wnelo pobl Rhostryfan â'r rhyfel a fu yng Nghaernarfon; yn y *Genedl* (Tachwedd 25, 1929) y mae fy nghyfaill, Mr. Bob Owen, Croesor, yn fwy pendant. Ei sylw ef ar ôl y dyfyniad uchod yw hwn:

"Credwn ni mai chwarelwyr o osgo Rhostryfan oedd y mwyafrif o'r mob y cyfeirir ati uchod, a purion peth fyddai i rai o'n darllenwyr ein cyflenwi â hanes manwl o'r helynt hwnnw.''

A yw Mr. Bob Owen yn peidio â chymysgu helynt 1752 a helynt 1758 wrth gredu mai rhai o osgo Rhostryfan oedd y mwyafrif o'r mob a ymosododd ar ystordai Caernarfon yn 1758? Wel, pe mynnwn glirio f'ardal oddi wrth yr helynt hon, ni fedrwn glirio fy nheulu; a gwn fod un gŵr o'r mob, a'i enw William Hughes, yn daid i'm taid, a'r un yw enw cyntaf y tri ohonom. Gadawer i ni, ar hyn o bryd, ddyfynnu rhan o gofnodion ein teulu yn y cysylltiad hwn:

"Yr oedd mab i William Hughes a Catherine ei wraig yn hynod o fychan o gorpholaeth a gelwid ef yn 'Wil Bach y Caety' am ei fod yn fychan, ac am ei fod wedi byw gryn lawer gyda'i nain yn y Caety. Rhoir y cyfrif canlynol am fychander ei gorph. Yr oedd ei dad yn gweithio yn Chwarel y Cilgwyn mewn adeg derfysglyd, pan yr oedd yr ymborth yn brin yn y wlad, a chyflog y gweithwyr yn fychan. Profai fel llawer eraill yn anhawster o ddwyn teulu lluosog i fyny ar lafur ei ddeng ewin. Yr adeg hon yr oedd dwy long lwythog o ŷd ar gychwyn allan o borthladd Caernarfon, a theimlid yn gryf gan weithwyr y Cilgwyn y dylesid rhwystro cymeryd ŷd ymaith pan yr oedd cymaint o brinder ohono yn yr ardaloedd. Aeth lluaws o weithwyr y Cilgwyn i lawr i Gaernarfon gyda'r amcan o rwystro i'r llongau hwylio o'r porthladd. Teimlai William Hughes, gyda'i luaws plant, fel y gweithwyr eraill, a daeth i lawr o'r chwarel gyda'r fintai oedd yn myned tua Chaernarfon. Trodd i mewn i'w dŷ wrth fyned heibio, a chafodd ei wraig yn dra gwrthwynebol iddo fyned i'r dref ar y fath neges, a thrwy gymorth dylanwad Cadwgan Britwn, gŵr cyfrifol o berthynas iddi oedd yn byw yn y Benallt gerllaw, llwyddodd debygasai hi i berswadio ei gŵr i aros gyda hi yn y tŷ. Ond wedi i'r cymydog fyned ymaith daeth awydd myned ymlaen yn gryf ar William Hughes, fel yr aeth ar hyd llwybr yn ddirgelaidd, nad oedd i'w weled o'r Benallt, ar ôl ei gydweithwyr tua Chaernarfon. Ym mhen ychydig ddyddiau yr oedd cwnstabliaid o amgylch yn chwilio am William Hughes, ym mysg eraill, i'w cymeryd i'r ddalfa am aflonyddu yr heddwch; ac mewn trefn i ymgadw o'u gafael cawn yntau yn ffoi i Leyn, lle y bu yn ffoadur am rai wythnosau. Yn yr amser profedigaethus hwn ar y teulu yr oedd William yn blentyn sugno, a chan faint y gofid a brofodd y fam yn yr amgylchiad derbyniodd y plentyn sugno y fath niwaid ag a barodd iddo beidio tyfu fel plant cyffredin. Bu fyw nes cyrraedd 35 oed, a bu farw tua dechra y ganrif bresenol (sef y bedwaredd ar bymtheg)." (8)

Nid yw'r hanes hwn yn cytuno'n hollol â disgrifiad William Morris, a gallai fod helynt wedi digwydd yng Nghaernarfon yn 1766 yn gystal ag yn 1758. Os bu farw Wil Bach y Caety yn 1800 yn bymtheg mlwydd ar hugain oed, y mae'n rhaid mai ar ôl helynt 1758 y ganed ef. Nid ydym, wedi'r cwbl, ymhell oddi wrth lawer o'r helyntion y soniwyd amdanynt yn barod, a byddai'n dda i ni gofio ddarfod i'n rhagflaenwyr yn y bröydd hyn weled amseroedd oedd yn llawer iawn tostach na'r dyddiau hyn. Efallai nad yw'r werin wedi gwella ei chyflwr gymaint ag y dymunem, ond nid oes amheuaeth nad ar i fyny y mae'n myned, a daw'r diwrnod cyn hir pan fo'r gair 'gwerin' wedi dyfod yn gyfystyr â'r holl genedl heb wahaniaeth gradd na dosbarth.

Ar hyn o bryd gadewir hanes anesmwythyd y ddeunawfed ganrif yn y fan hon — nid am fod yr anesmwythyd yn dibennu, eithr am fod angen ymchwiliadau pellach. Gellir, fodd bynnag, ddywedyd bod safle gymdeithasol y werin yn parhau i waethygu ar ôl 1760. Nid yw'r cofnodion am hanes Cymru yn y cyfnod dilynol mor lluosog ag y dymunem, ond gwyddom oddi wrth hanes Lloegr fod yr ysbryd terfysglyd yn parhau i ffynnu yn y deyrnas — y mae hanes terfysgoedd 1765 a 1766 yn fwy cynhyrfus, efallai, na dim a gofnodwyd gennym yn barod. Nid yn y blynyddoedd hyn y cyrhaeddodd y prinder ei uchafbwynt na'r ŷd ei uchafbris, a dylid chwilio beth oedd y rhesymau dros i'r wlad gadw rhag gwrthryfel a chwyldroad yn niwedd y ddeunawfed ganrif a dechrau'r ganrif ddilynol pan oedd drudaniaeth lawer gwaith yn ddwysach nag ydoedd hanner can mlynedd yn gynharach.

Rhag ymdroi yng nghorff yr ysgrif i ddisgrifio'r ffynonellau y ceir yr hanes ohonynt yr ydys wedi nodi'r prif ddyfyniadau â rhifau, ac yn canlyn y mae'r rhestr o'r ffynonellau yn ôl trefn y rhifau:

1. Wealth of Nations (Adam Smith). Cyf..I, t. 161.
2. Llythyrau Goronwy Owen (J.M.J.), t. 21.
3. The Morris Letters. Cyf. I, t. 251.
4. The Universal Spectator and Weekly Journal, Ebrill 12, 1729.
5. Old Karnarvon (W.H. Jones) — the Riots of 1752.
6. Gentleman's Magazine — 1756 a 1757.
7. The Life of William Pitt, Earl of Chatham (Basil Williams). Cyf. I, tt. 292-293.
8. Cofiant Edward Williams Tal y Sarn (W. Williams). tt. 10-11.

Ynglŷn â hanes chwarel y Cilgwyn gweler y Calendar of Treasury Books and Papers, 1742-1745, a llsgau Bangor (Porth yr Aur), adran y Cilgwyn.

Am hanes siroedd Lloegr gweler y gwahanol gyfrolau sydd yng nghyfres y 'County Histories'.

RHOSTRYFAN
HANES DECHREUAD
A CHYNNYDD Y PENTREF

Ω

Y MAE ardal Rhostryfan yn lled fawr ac yn cyrraedd o'r Tryfan i'r Gwaredog ac o Gae-haidd i Frynbeddau. Saif y pentre ynghanol yr ardal, ac y mae dwy ran ynddo, sef y Rhos a'r Rhos-isa.

Y mae afon Gwyled yn rhedeg trwy ganol y Rhos, ac yn ei hymyl hi y mae'r rhan fwyaf o'r tai. Yn y Rhos ceir lle agored, ac ohono rhed pedair ffordd, — un i'r mynydd, un at y dre, un arall at yr ysgol, a'r llall i'r Rhos-isa. Gan mai dyma'r lle y cyferfydd y ffyrdd, y mae'n lle pwysig, ac o gwmpas y groesffordd hon y codwyd y tai cyntaf yn y pentre. Edrychwch ar Gefnpaderau, a gwelwch ei fod yn hen iawn. Un corn sydd arno, ac ar un adeg hwn oedd yr unig dŷ a welid yma. Er bod y pedair ffordd yn hen nid yw'r waliau o'u deutu'n hen, gan mai lle agored yn llawn o gerrig ac eithin a grug oedd yma gynt.

Dylem gofio bod y ffermydd yn hen, a'u bod yma cyn i neb feddwl am godi'r pentre. Yr oedd yma rai ffermydd gynt wedi myned yn ango bron megis y Pistyll, Cae 'Rodyn Bach, Parc (Cae Hen). Yr oedd ambell hen dŷ yma a thraw ar y rhos, megis yr Efail Bach (Tainewyddion yn awr), Bryn Eithin, Tan y Ffordd Bach.

Tua'r flwyddyn 1800 dechreuwyd cau rhannau o'r rhos i wneuthur cartrefi newydd i'r bobl. Cae Ymryson y mae'n debyg yw'r hynaf o'r tyddynnod a godwyd fel hyn ar y rhos. Ni chaniateid codi tŷ moel ar y comin heb fod tipyn o dir yn perthyn iddo. Dyna'r rheswm dros wneuthur cymaint o fân dyddynnod yn ein bro. Ceid tai lled fychain mewn rhai rhannau o'r ardal bob amser, ac ar derfynau'r hen ffermydd y safent, i fod at wasanaeth y rhai a weithiai ar y tir. Ceid amryw o'r tai hyn ar dir Wernlas Wen.

Nid llafurio'r tir a gweithio ar y ffermydd oedd yr unig waith a wnaed yma gynt: câi dynion waith fel seiri coed, seiri meini, gwehyddion, cryddion, teilwriaid a gofaint. Gallai dynion droi eu llaw at lawer math o waith yn yr amser gynt. Medrai'r gwas ar fferm godi wal, trwsio gwaith coed neu harnis ceffylau, — gwaith gof a roddai fwyaf o drafferth iddo. Ychydig o fyned ymhell oddicartre oedd ymhlith y bobl gyffredin, a hynny am fod moddion teithio mor brin.

Gadewch i ni weled sut le oedd yma yn 1800. Safai'r tai a ganlyn ar gwr uchaf tir Bod Aden a Wernlas Wen — Tyddyn Bychan, Tŷ'n y Weirglodd, Yr Hen Odyn, Tan'rardd, Tŷ'n Rhos, Tŷ Ucha, Muriau, Y Felin Frag, Pencae Ucha, Tŷ Croes. Yr oedd Cae Morfudd ac un neu ddau o dai eraill yn ymyl tir Tryfan Mawr, ac un neu ddau yn ymyl Tryfan Bach. Ag eithrio Cae Ymryson a Wern Bant nid oedd un tŷ rhwng Tryfan Bach a Hafoty Wern Las, nac ychwaith rhwng y Gaerwen a'r Felin Frag. Nid oedd pont tros yr un o'r afonydd yn yr ardal.

Y peth pwysicaf a fu ynglŷn â dechreuad y pentre ydoedd codi capel Horeb ar y rhos: yn lled fuan ar ôl hynny codwyd gweithdy saer gerllaw'r capel, ac hefyd siop a elwid Is Horeb.

Yr oedd y chwareli llechi yn Nyffryn Nantlle yn agor fwyfwy tua'r un amser, ac yn galw am ychwaneg o weithwyr. Troai llawer oddi wrth y ffermwyr, ac aent i ymofyn gwaith yn y chwareli. Daeth felly alw am dai yn nes atynt, a'r unig le rhydd i adeiladu arno ydoedd y comin, a chomin oedd y Rhos. Fel y crybwyllwyd o'r blaen ni ellid codi tŷ ar y comin oni byddai tir yn perthyn iddo. Dyna pam y mae'r tyddynnod yn hŷn na'r tai moel.

Mewn ambell fro bu llawer mwy o helynt gyda chau'r comin nag a fu yn ein hardal ni. Nid yw'n perthyn i'n gwaith ni ar hyn o bryd i fyned ar ôl hanes unman ond Rhostryfan, ac er nad yw'r hanes hwnnw'n un cyffrous, y mae'n un y dylem fel pobl yr ardal ei wybod.

O bobtu i'r comin ceid ffermydd a berthynai i ystadau'r

Faenol a Phlas Tirion a Llanfair. Nid oedd perchnogion yr ystadau'n fodlon i neb gau'r comin na dyfod i'r plwy i fyw, a theimlai'r ffermwyr eu hunain yr un fath. Ofnent rhag i'r mân ddyddynwyr fynd yn dlawd a throi'n bwysau ar y trethi. Yr oedd rhai pethau ym mhlwy Llanwnda yn peri ei bod yn lled hawdd i'r bobl gau rhannau o'r comin. Yr oedd perchnogion yr ystadau yn trigo ymhell o'r lle, ac yn bur ddi-sylw o helyntion y werin. Peth arall, nid pobl ddieithr i'r plwy oedd tyddynwyr cyntaf Rhostryfan — meibion y ffermydd nesaf at y comin oedd yn sefydlu arno, a chaniatâi eu rhieni iddynt wneuthur hyn heb geisio rhwystro dim arnynt, eithr yn hytrach eu cefnogi. Ymhlith y rhai cyntaf i sefydlu ar y comin ceir meibion Cae'r Odyn. Dyma rai lleoedd a gaewyd gan y rhain: Tan y Gelynnen, Tyddyn Canol, Pen y Gwylwyr. Yn ara deg, caeodd yr un teulu rannau eraill yn nes i'r mynydd, sef Glan'rafon Hen, Y Gaerddu, Pen y Ffridd, etc.

Ar ôl i un teulu hawlio rhannau o'r comin fel hyn daeth i fryd meibion y ffermydd eraill i wneuthur yr un fath, a daeth meibion Wernlas Wen i gau'r comin ar fin eu cartre. Dyna sut y caewyd Carreg y Deimond, Tan y Manod a Phen y Ceunant. Daeth John Huws Wernlas Wen i Gae Rhug a chaeodd y comin ar hyd afon Gwyled hyd at derfynau Tyddyn Canol, Cae'mryson a Charreg y Deimond.

Nid oedd Wernlas Ddu'n taro ar y comin yn y Rhos, ond cyrhaeddai'r tir y tu hwnt i'r Caemaen Bras a Phen y Gaerwen nes taro ar y mynydd, a phan ddaeth yn amser i'r meibion hwylio i wneuthur eu cartrefi eu hunain, ar derfyn ucha'r tir y cawsant le i gau — Thomas Williams yn Nhŷ'n Gadfan, ei frawd, Robert, ym Mryn Crin, a brawd arall, John, yn Nhŷ'n Rhos Gadfan (ond teulu ei wraig a gaeodd y lle hwn i ddechrau). Yr oedd Catrin, chwaer i'r tri a enwyd, wedi priodi John Huws, mab Cae Hen — fferm arall yn yr ardal — ac wedi ymsefydlu ym Mrynffynnon, ar lethr Moel Tryfan. Yr oedd un o ferched y Gaerwen wedi priodi William Williams o ardal Bryn'rodyn, a'r ddau wedi ymsefydlu ar y comin ym Mhant Coch, yn y lle oedd heb ei gau rhwng Cae'mryson a Waen Bant.

Gwelir felly fod y rhan fwyaf o'r hen ros wedi ei gau bellach, a'i wneuthur yn fân dyddynnod. Gwelir hefyd fod mab neu ferch o bob un o ffermydd y gymdogaeth wedi cael rhan o'r comin i fyw arno. Esbonia hyn pam y bu cyn lleied o rwystr ynglŷn â chau'r rhos.

Dyma restr o'r tyddynwyr gwreiddiol a'u lleoedd:

William Edwart, Cae'mryson. (Merch Bod Garad oedd ei wraig.)

Huw Lewis, Pen y Gwrli.

John Lewis, Tyddyn Canol.

William Lewis, Tan y Gelynnen. (Merch Cae'r Odyn oedd ei wraig.)

Ellis Huws, Waen Bant.

Robert Jones, Pen y Ceunant. (Merch Wernlas Wen oedd ei wraig.)

William Williams, Pant Coch.

Yr oedd y rhan fwyaf o'r rhos wedi ei gau bellach, a'r darnau gorau wedi eu dewis, eithr arhosai ambell rimyn yma ac acw, a hawliwyd y rhain gan rai a faged yn yr hen fythynnod a geid gynt ar gyrion y ffermydd. Ar ôl y rhyfel hir a fu yn erbyn Napoleon Bonaparte gwrthodai'r ystadau atgyweirio'r mân fythynnod lle trigai gweision y ffermydd, ac o un i un gorfu ar y bobl hyn chwilio am gartrefi mewn mannau eraill, ond nid oeddynt yn cael yr un rhwyddineb â meibion y ffermydd i sefydlu ar y comin — yr oedd ofn pwysau treth y tlodion yn gafael yn y mân dyddynwyr eu hunain, nes eu gyrru i gilwgu ar bob llafurwr a geisiai le ar y rhos. Gwelir felly pam nad yw'r rhannau a gaewyd yn niwedd tymor y cau mor helaeth â'r rhai cyntaf. Y mae Bryn Eithin a Glan'rafon yn enghreifftiau o'r math hwn.

Cyn sylwi dim yn rhagor ar gynnydd y Rhos dylem droi ein golwg tua rhan isaf y Rhos i weld sut yr oedd pethau yn y cwr hwnnw.

Daethai dyddiau drwg heibio i'r Tryfan Bach, hen gartre Llwydiaid y fro. Yr oedd y Llwyd olaf wedi mynd yn ôl yn y byd, a'r ystad tan ddyled. Oni bai am hyn, cawsai caewyr y comin wrthwynebydd pendant yn Solomon Llwyd. Bu ymrafael rhwng William Edwart ac ef adeg cau Cae'mryson — dyna roes yr enw i'r lle. Yr oedd rhai eraill o'r Llwydiaid yn fwy effro na Solomon, a dechreuasant sefydlu ar gwr isaf y comin, yn union ar derfyn Pen Isa'r Rhos. Hyn a fu'n gychwyn i'r dreflan sydd oddeutu'r Minffordd.

Yr oedd ysgweier y Tryfan Mawr wedi torri tros ei derfynau a chau Tyddyn Madyn a Llain Fadyn. Rhwng y lleoedd hyn a thir Coed y Brain safai rhimyn hir o gomin, a chyn hir caewyd y lle gan deulu Coed y Brain i wneuthur tyddyn neu ddau — Tai Newyddion a Choed y Brain isa. Caewyd rhan arall yn is i lawr gan deulu Cae Morfudd, a'i alw'n Ben Cae Newydd, ac allan o'r rhannau gweddill caewyd Pen y Lan, Y Terfyn, Bryn Melyn, Tŷ'n y Lôn, Bryn Tirion, etc.

O'r tu ucha i Dalwrn Bod Aden, ymestynai rhan o'r comin yng nghyfeiriad y Rhos, a phan gaewyd Tan y Bryn, mynnodd perchennog Bod Aden ychwanegu'r rhan isaf o'r comin at ei dir ei hun, a thrwy hynny collwyd y parc gan y plwy. Erbyn hyn yr oedd y rhos wedi ei gau'n gwbl, a thrigolion y fro wedi lluosogi cryn lawer. Curai bywyd yn gryf drwy'r ardal, a gweithiai pawb yn egnïol i drin y tyddynnod a'u gosod mewn trefn. O gofio bod oriau gwaith yn hirion iawn yr adeg honno gellir synied am faint llafur ac egni'r gwŷr a weithiai mewn hamdden prin a chryn galedi i newid y rhostir gwyllt a'i droi'n feysydd teg a ffrwythlon.

Yr oedd anawsterau neilltuol yn dechrau blino'r mân dyddynwyr yn awr. Deuai bygythion atynt o fwy nag un cyfeiriad ei bod ym mryd y llywodraeth i fyned â'r mân randiroedd oddi arnynt. Ofnent lawer rhag hyn, a rhag y gyfraith — Seisnig oll oedd honno, a'i gwŷr yn Saeson.

Aethai cau'r comin mor llwyr yn fater o gryn bwys i holl drigolion rhannau isa'r plwy. Yma y ceid y mawnogydd a'r tywyrchfeydd a'u cyflenwai â thanwydd, a threfnasai'r hen gyfraith Gymreig i'r comin hwn fod at wasanaeth neilltuol rhan ganol y plwy — oni bai am hyn, hawliesid y rhos ers hir amser gan sgweiriaid y Faenol. Nid ymddangosai'r peth mor bwysig pan gaeid y lleoedd cyntaf, ond ar ôl cau rhannau helaeth o'r mynydd ei hun, gwelwyd mor golledus i'r hen rannau a fu gollwng o'u dwylo eu hen hawliau. Ond nid ffermwyr y fro a godai'r bygythion — ni allent yn deg wneuthur hyn a hwythau ar un adeg wedi bod yn cymell dynion i gau'r comin, a chodi cartrefi newydd arno. Ni allai perchnogion yr ystadau fygwth llawer gan eu bod hwythau'r un mor euog. Pan aeth sgweier Plas Tirion i festri'r plwy a chynnig eu bod yn chwalu pob lle a godwyd ar y comin, tawodd pan gynigiwyd eu bod yn dechrau ym mharc Bod Aden.

Bu llywodraeth y wlad am amser hir yn dra esgeulus ynglŷn â chau'r cominoedd, a hyd 1825 ni roed sylw swyddogol i'r peth, er bod pobl wrthi'n cau ers chwarter canrif a mwy — yr oedd Pencae Ucha'n orsangiad ar y comin er 1757, a rhannau eraill o bobtu iddo cyn hynny, hwyrach. Pan ddaeth y sôn fod y llywodraeth am ymyrryd ym mro Rhostryfan bu mawr ofn ar drigolion y comin, a chynnwrf yn eu plith. Enillasant gydymdeimlad rhai gwŷr yn Llundain, a chawsant sylw yn y Senedd — beth bynnag oedd bwriad cyntaf gwŷr y gyfraith, ni ddaeth dim gwaeth i ran y cominwyr na'u rhwymo i dalu swm bychan am gael hawl i'r tir. O gymryd un lle yn enghraifft, gwelir mor ysgafn oedd y telerau a gafodd y cominwyr. £13 6s 0c a dalwyd i'r llywodraeth am un tyddyn neilltuol yn 1837: yn 1846 gwerthodd y perchennog y lle am £49. Yn 1924 yr oedd yr un lle'n werth tri chan punt. Nid ystyriai'r tyddynwyr eu hunain eu bod yn cael telerau teg, ac wrth gofio mor brin o arian oedd y werin bobl yr adeg honno, gallwn synio pa mor fawr yr ymddangosai swm o wyth bunt neu ddeg i werinwyr yn 1830. Tybiai'r cominwyr fod y llywodraeth yn prisio pob lle yn ôl ei werth ar y pryd yn hytrach nag fel yr oedd cyn iddynt hwy ei gau a'i drin. Eithr tybiaeth heb lawer o sail iddi oedd honno.

Mewn un peth, o leiaf, yr oedd y cominwyr yn well arnynt na'u perthnasau a arhosai ar y ffermydd. Tenantiaid oedd gwŷr y ffermydd o hyd, eithr wele'r cominwyr bellach yn berchnogion eu tir eu hunain ac yn ddeiliaid rhyddion *(freeholders)*. Daeth llawer mwy o hwylustod ar ôl hyn i gael ychwaneg o dai yn y fro, oblegid gallai'r cominwyr bellach roi lle, neu ei werthu, i bobl godi cartrefi newyddion arno, ac felly y bu. Y mae'n ffaith nodedig na chodwyd un tŷ i weithiwr ar dir yr ystadau hyd oni bu gwerthu ar y tir hwnnw yn rhan olaf y bedwaredd ganrif ar bymtheg. Oni bai am y rhos a'r rhwyddineb a gafwyd i'w gau, amhosibl a fuasai i chwarelwyr y fro gael preswylfeydd ar gyfer galwadau'r amser.

Aethai stad y Tryfan bach ar ei chogail, a gwerthwyd hi'n rhannau. Gelwid y rhan ddwyreiniol yn Gaeau Cochion. Rhannwyd y lle a'i wneuthur yn dyddynnod — Bryn Llwyd, Pant y Celyn, Blaen y Waen, Cae Coch, Bryn Llus a'r Frongoch. Nid oedd y lleoedd hyn yn rhan o'r comin, a byddai'r ardalwyr cyntaf, mewn amryw gysylltiadau, yn cofio hyn. Yr oedd tymor y cau wedi gorffen ar y rhos erbyn codi'r tyddynnod hyn, ond bu eu cael yn gaffaeliad i'r fro.

Ni fu llawer o newid ym mywyd yr ardal yn ystod cyfnod cau'r comin. Yn y wlad yn gyffredinol clywid darogan a sôn am lawer o bethau newyddion, eithr tawel oedd y fro hon — digon iddi oedd ei helyntion ei hun.

Fel pob bro arall y pryd hwnnw cynhyrchai'r fro y rhan fwyaf o'r pethau angenrheidiol at ei bywyd, megis bwyd, dillad, tanwydd. Yr oedd Ffatri'r Tryfan yn agos ac yn dra phrysur bob amser; hefyd, trigai gwehyddion yma a thraw yn yr ardal, a chwynid llawer eu bod yn barotach o lawer i gymryd gwaith nag i'w gyflawni. Cerddai ambell fachgen i dŷ'r gwehydd y naill diwrnod ar ôl y llall i ymofyn ei frethyn, ac am hir amser câi'n atebiad, 'Galw yma fory'. Wedi cael y brethyn yr oedd eisiau myned ag ef at y pannwr; a gŵr ymarhous a phwyllog oedd yntau, a'i yfory'n oedi'n hir. Gŵr araf oedd y teiliwr hefyd: deuai i bob tŷ ar ei dro, ond byddai ei dafod bob amser yn brysurach na'i law.

Yr oedd mawnogydd yn y Gors Goch, yng Nghors y Bryniau, a mannau eraill, ac yr oedd gan bob teulu ei le ei hun yn y fawnog. Tymor prysur oedd yn nechrau haf pan leddid y mawn; a thrachefn yn niwedd haf pan gludid hwy adref i'w tasu erbyn y gaeaf.

Bu rhai diwydiannau yn yr ardal hon ar un adeg, ond nid oes dim cof amdanynt ar wahân i'r enwau sy'n aros, megis Y Felin Frag, Yr Hen Odyn a'r Efail Bach. Beth oedd y gwaith a wneid yn y felin neu yn yr odyn? — ni all cof y fro ateb, bellach.

Y mae un peth yn sicr, yr oedd y tir yn cynnal mwy o bobl yn 1780 nag a wnâi ymhen hanner canrif ar ôl hynny. Trigai mwy nag un teulu ar lawer o'r ffermydd, megis Yr Erw, Wernlas Ddu a Chae Hen. Yn Yr Erw trigai dau deulu, yn llafurio'r tir ar y cyd, un teulu'n hawlio dwy ran o dair o'r elw, a'r teulu arall un ran o dair. Yr oedd yr un cyfartaledd yn rhan y ddau deulu o'r llafur a'r stoc, ond y mae'n anodd gwybod pa un ai trefniant teuluol ai ynteu trefniant y stad oedd hyn. Ceid cynllun cyffelyb yn Wernlas Ddu, eithr y mae'n amlwg mai trefniant teuluol oedd hwn. Heblaw hyn, yr oedd un tyddyn, sef Beudy Coch, yn rhan o'r lle gynt. Ceir bod Cae Hen hefyd yn ddwy ran, a pha un bynnag a oedd perthynas rhwng y teuluoedd ar un adeg yr oedd wedi colli erbyn 1770, a thrigai un teulu yng Nghae Hen a'r llall ym Mharc Cae Hen. Y mae'r un peth yn wir am leoedd eraill, megis Y Gaerwen a Phen y Gaerwen, y ddau Gae'r Odyn, a'r ddau Dŷ'n y Berth.

Yn yr hafotai trigai perthnasau i deuluoedd y ffermdai islaw, hyd 1835, o leiaf, ac awgryma hyn fod trefn yr hafotai yn para yma hyd ddechrau'r bedwaredd ganrif ar bymtheg. Mab Wernlas Ddu oedd yn Hafoty Wern Las, mab Pen y Bryn yn Hafoty Pen Bryn, a mab Tŷ Newydd yn Hafoty Tŷ Newydd.

Fferm fechan oedd y Pistyll, ond bu'n cynnal teulu am genedlaethau lawer; erbyn hyn y mae wedi llwyr golli fel lle unigol, a'i thir wedi ei rannu rhwng Wernlas Ddu a'r Hafoty. Aethpwyd â cherrig y tŷ i helaethu Plas Dinas.

Gwelir oddi wrth yr hyn a ddywedwyd am y lleoedd y soniwyd amdanynt fod mwy o gartrefi arnynt unwaith nag sy'n bresennol, ac o edrych ar achau'r hen deuluoedd, cawn fod y rhif ymhob teulu'n fwy nag yw heddiw. Gwelir ymhellach fod y dirywiad ynglŷn â byw ar y tir yn peri bod galw am drefn arall, a daeth gwaredigaeth o'r chwareli a'r comin — gwaith o'r naill, cartrefi o'r llall.

Er mai caled oedd bywyd trigolion y fro, gynt, yr oedd cryn ddifyrrwch yn perthyn iddo hefyd. Wedi nos deuai'r bobl ynghyd i dreulio noswaith lawen i ganu a dawnsio wrth sŵn y delyn, ac i sôn am y tylwyth teg a bwganod. Ar wyliau a ffeiriau câi'r bobl lawer o fwyniant mewn chwaraeon a champau: efallai yr ystyriem ni rai o'r campau hyn yn hagr a garw, ond nid oeddynt felly i bobl y dyddiau gynt.

Ceid hwyl hefyd mewn plygain ac mewn priodas. Byddai rhigymwyr y fro'n barod bob amser gyda chân i oganu'r rhai a wnâi droeon trwstan. Byddai gogan yn ffordd effeithiol i geryddu rhai pobl. Daeth un o rianedd yr ardal adref am dro o Lundain, ac ar y cyntaf ni fynnai, o falchder ysbryd, edrych ar ei hen gariad. Aeth rhywun â'r hanes i William Bifan y Gadlys, a chyn hir yr oedd pennill yr hen fardd ar bob tafod yn y fro:

> Mae merchen i Sion Ifan,
> Ar faes nacaes roi cusan
> I'w chymydog annwyl, John,
> Pan landiodd hon o Lundain.

Ond cyn hir daeth pethau mwy difri na cherddi a ffeiriau i dynnu bryd pobl y fro. Ers tri chwarter canrif yr oedd diwygiad crefyddol ar gerdded trwy Gymru, ac yr oedd argoelion ei fod yn nesáu at y parthau hyn. Daethai rhai o'r merched i deimlo oddi wrtho beth amser cyn 1800, sef cyn yr amser y dechreuwyd cau'r comin. Curai'r diwygiad arnynt o fwy nag un tu. Yr oedd sŵn y tonnau'n dyfod o ochr y Waun Fawr yn ogystal ag o ochr Llanllyfni a Bryn'rodyn. Eglwyswyr oedd trigolion yr ardal oll hyd 1780, ac oddi wrth brotest blwyfol a wnaed ychydig cyn hynny yn erbyn esgeulustra'r offeiriad, gellir tybied bod yn y bröydd hyn lawer o ymlyniad wrth yr hen drefn eglwysig.

Y mae sôn fod pregeth wedi ei thraddodi ar y rhos gan Fethodist er tua 1775, a gellir cymryd hyn fel dechrau'r newid a fu ar grefydd y fro. Tua Llanllyfni y tynnai'r bobl yn hytrach nag at y Waun, a chyn hir codwyd capel ym Mryn'rodyn, a chan ei fod lawer yn nes na Llanllyfni, âi'r bobl yno'n amlach ac yn fwy cyffredinol. Yr Ysgol Sul oedd y peth cryfaf ar y pryd, efallai, gan mai trwy hon y ceffid gafael ar y plant. Ymhen amser daeth galw am Ysgol Sul i'r ardal hon, ac yn 1805 agorwyd un yn y Muriau gerllaw'r Felin Frag.

Gwelir bod dau beth yn gweithio ar yr ardal tua'r un amser — cau'r tyddynnod, a'r diwygiad crefyddol. Rhwng y naill beth a'r llall daeth y bobl i deimlo eu bod yn ffurfio adran mewn trefn newydd, a bod ganddynt hawl i gael eu sefydliadau eu hunain. Am gapel y daeth y galw cyntaf, a chafwyd hwnnw yn 1820, ac un arall yng nghwr isaf y Rhos yn 1834. Deuai pobl yma o rannau eraill o'r wlad i weithio yn y chwareli, a deuent yn fuan yn gapelwyr selog. Tymor o fywyd a llwyddiant oedd, a phawb â'i galon mewn gwaith.

Daeth capel a chrefydd yn brif bethau'r fro, ac er gwell ac er gwaeth rhoed terfyn ar lawer o bethau a berthynai i'r hen fywyd — nosweithiau llawen, chwaraeon, dilyn ffeiriau, &c. Fel llawer symudiad newydd, o'i flaen ac ar ei ôl, talai'r diwygiad barch rhy brin i bethau'r gorffennol ac i lawer o bethau gorau'r hen ddyddiau, a gwnaethpwyd agendor rhwng y newydd a'r hen. Nid yn unig daeth y capel ar y Rhos yn bwysig ym mywyd yr ardal, daeth y lle o'i ddeutu hefyd yn ganolfan naturiol i'r holl fro.

PETHAU
A AETH
YN ANGOF

Ω

YN Y DYDDIAU GYNT yr oedd rhai pethau y bu iddynt le
pwysig ym mywyd ardal, ond sydd erbyn hyn wedi myned yn
angof ers dwy neu dair cenhedlaeth, ac nid erys dim ond
ambell enw i'w coffáu. Ar wahân i draddodiad nid oes fawr
o'u hanes ar gael. Cyn i'r cof amdanynt lwyr gilio, efallai mai
da a fyddai cofnodi rhai o freision yr hanes.

Y Felin Frag
Ar dir Wernlas Wen safai gynt adeilad a elwid yn Felin Frag.
Yma ar un adeg melid brag, a chan fod diod fain ar arfer
cyffredinol am oesau yr oedd yn bwysig cael brag ar gyfer
bragdai'r cylch yn ogystal ag ar gyfer y bobl yn gyffredinol.
Yr oedd yn naturiol felly fod digon o brysurdeb yn y Felin
Frag, a llawer o gyrchu iddi.

O ffordd y plwy wrth lidiart Wernlas Wen rhedai ffordd
gul hyd at y felin, ond nid ymhellach. Tystia'r ffordd fod cryn
dramwy i'r lle mewn dyddiau fu. Nid oes dim o hanes y Felin
wedi ei gofnodi, ond yn rhestrau'r plwyf yn eglwys Llanwnda
am yr hanner olaf o'r ddeunawfed ganrif gwelir bod hwn-a-
hwn, 'maltster of Wernlas Wen' wedi cael bedyddio ei blant
yn yr eglwys.

Yr oedd rhai bragdai yn y fro. Ar dir Tyddyn Du, rhwng y
Bontnewydd a Chaernarfon, safai bragdy a adweinid fel 'Y
Bragdy Mawr'. Yn y Bontnewydd bu bragdy a ddygai'r enw
'Maltsters', ac ar du dwyreiniol i eglwys Llanwnda (lle ceir

tai'r Dinas yn awr) yr oedd bragdy perthynol i'r 'Tŷ Mawr' ar
fin y ffordd fawr — 'y Hen Inn' — a drowyd yn ddiweddarach
yn ficerdy.

Yn ei thro trowyd y Felin Frag yn annedd-dŷ, a'r cwpwl
olaf i fyw yno (hyd 1877) oedd Harri Lewis a Marged Jones
— dau a symudodd i Gefn Horeb yn niwedd eu hoes.
Magasant bedwar neu bump o blant yn y Felin Frag ac yn
rhyfedd iawn glynodd enw'r lle wrth y plant gydol eu hoes,
e.e. Ifan Parri Felin Frag.

Wedi i'r hen dŷ fynd yn wag arferai bechgyn y pentref
ymgynnull yno ar foreau Sadwrn glawog i gynnal
cyfarfodydd cystadleuol ar batrwm y Cyfarfod Llenyddol.
Tua 1904 tynnodd perchennog Wernlas Wen ar y pryd yr hen
adeilad i lawr ac nid oes dim yn aros i ddangos safle'r hen
Felin Frag.

Dylid nodi nad oedd math yn y byd ar bentref yn
Rhostryfan yn nyddiau gwaith yr hen felin; safai'r ychydig
annedd-dai pryd hynny ar du'r deau i'r hen felin.

Pwll Cywarch
Yn nechrau'r ganrif hon arferai rhai hynafgwyr ddweud y
byddai eu teidiau yn nyddiau'r rhyfeloedd â Napoleon
Bonaparte yn tyfu llin a chywarch ar gyfer rhai ffatrïoedd.

Yn niwedd yr haf torrid y llin a'i drefnu'n fân ysgubau. Y
croen neu'r llin oedd y rhan farchnadol o'r ysgubau, ac yr
oedd yn rhaid gwahanu'r llin oddi wrth y coesyn.

Ar fin ffrwd fechan ar y tir torrid pwll bychan, ac agorid
ffos fechan i redeg yn araf o'r ffrwd i'r pwll. Pan lanwai'r pwll
dodid yr ysgubau llin yn y dŵr i fwydo hyd oni fyddai'r llin
wedi llwyr ymwahanu oddi wrth y coesyn neu'r rhan fewnol.
Cesglid y llin yn ofalus a'i sychu, ac yna byddai'n barod ar
gyfer y ffatri neu'r cartref. Yr oedd y defnydd a gynhyrchid
ohono'n denau ac ysgafn, a gellid ei droi'n llieiniau,
napcynau a gwisg ysgafn ar gyfer yr haf.

I drin gwlan neu gotwm yn y cartref defnyddid y droell
fawr, a chyda'r llin defnyddid y droell fach. Yr oedd y naill
fath a'r llall i'w cael ar yr aelwydydd gynt. Yn ardal
Rhostryfan yr unig bwll cywarch sydd i'w gael yw'r un ar dir
Wernlas Ddu. Dylai'r genhedlaeth hon wybod amdano, a
beth oedd ei waith a'i ddiben.

Dywedid fod pwll cywarch i'w weld y tu isaf i dŷ'r Gaerwen, ond nid yw mor hawdd i'w ganfod â'r un sydd uwchlaw Wernlas Ddu.

Yr oedd cred unwaith fod rhin neilltuol yn perthyn i ddŵr y pwll cywarch oherwydd ei oerni haf a gaeaf, a chyrchid ato gan rai pobl a ddioddefai oddi wrth bennau gliniau anystwyth. Delid y pen-glin anystwyth dan y dŵr a lifai o'r pwll hyd oni theimlid bod rhyddhad wedi ei sicrhau. Darfu am yr arfer hon erbyn hyn.

Y Fawnog

Hyd y bedwaredd ganrif ar ddeg a'r bymthegfed nid oedd glo — y graig losgadwy — yn adnabyddus i'r rhan fwyaf o'r wlad hon, a choed a thywyrch a ddefnyddid i gynhyrchu tân a gwres ar yr aelwydydd. Efallai fod y gair Cymraeg 'tanwydd' (=gwŷdd tân, coed tân) yn cadw ar gof a chadw hen ffordd oesol o gynnal tân ar ein haelwydydd. Golygai hyn fod llawer o ddifrodi ar goed at wasanaeth pob annedd-dŷ. Mewn tref fel Llundain (a ystyrid yn fawr ar hyd yr oesau) yr oedd sicrhau cyflenwad o goed tân yn bwnc dyrys. Yn y rhan ogleddol o Loegr yr oeddys wedi canfod bod craig ddu a geffid yno'n well moddion i gynhyrchu tân parhaol na choed. Ymhen amser, dygwyd y glo mewn llongau i Lundain (dyna paham y'i gelwid yn 'sea coal' ar y cyntaf). Yn fuan daeth galw mawr am y tanwydd newydd, a dechreuwyd ei gloddio ar rai o wastadeddau Lloegr. Oherwydd bod cymaint o symud i Lundain yn nyddiau'r Tuduriaid, aeth y sôn am y glo i wahanol barthau o'r wlad. Yr anfantais yng Ngwynedd ydoedd fod y draul o gludo'r glo o Loegr yn waharddol hyd oni chaed mân longau (flats) i fordwyo rhwng afon Lerpwl a Môn ac Arfon. Y mae dilyn hanes datblygiad y fasnach lo'n bwnc arbennig ac ni cheisir ei ddilyn ymhellach yn yr hanes hwn.

Nid oedd pob rhan o Fôn ac Arfon yn dibynnu ar goed fel tanwydd. Ar lethrau rhai o fryniau Arfon yr oedd mawnogydd lle gellid lladd mawn, ei sychu a'i ddwyn adref i fod yn danwydd. Yn ardaloedd y mawnogydd yr oedd pob teulu yn nechrau'r haf i ofalu codi digon o fawn i sicrhau digon o danwydd am flwyddyn o amser.

Yn nechrau haf elai'r dynion i'r fawnog gan ddwyn rhaw o ffurf neilltuol — 'rhaw fawn' — i dorri'r mawn yn ddarnau hirsgwar ar ffurf priddfeini. Adeiledid y mawn yn das sgwâr gan adael yr ochrau a'r canol yn rhwyllog er mwyn i awelon yr haf gael cyfle i sychu'r mawn. Yn niwedd yr haf elai pob teulu i'r fawnog i gyrchu ei dâs a'i dwyn adref a'i dodi dan gysgod.

Rhoddid dwy neu dair mawnen ar y tân i losgi'n araf, ac o hynny ceffid tân a arllwysai wres mwyn a thyner a wnâi'r aelwyd yn gynnes a chysurus.

Yr oedd ysbeilio tâs ar y fawnog yn drosedd mor anfaddeuol a dirmygedig fel na cheid cŵyn ar y pen hwn. Yr oedd disgyblaeth cymdeithas mor gref fel ag i warchod eiddo pob teulu dros yr haf.

Wrth droed Moeltryfan yr oedd mawnog a elwid yn Gors Goch, ac am faith flynyddoedd cafodd drigolion y plwyf ddigon o ddeunydd tân yno. O'r ffordd fawr rhedai dwy ffordd i gyfeiriad y mynydd ac yn y Rhos ymunai'r ddwy yn un ffordd hyd at y Gors Goch. Cyrchai ffermwyr y plwyf i'r Gors Goch. Y mae Wiliam Bifan (hen fardd y Gadlys) wedi cadw cof o'i daith i'r fawnog mewn rhigwm o'r eiddo:

> Wrth ddod yn ôl yn llipryn
> O ladd y mawn a'r rhedyn
> Caf de a sleisen o gig moch
> Gan Martha Goch Cae'rodyn.

Yr oedd cyrchu'r mawn o'r fawnog i'r cartrefi'n golygu llawer siwrnai i'r teulu. Cymerai llawer o'r ffermwyr drugaredd ar y merched, a thaflent eu beichiau ar ben llwyth y drol, a'u dodi i lawr wrth y cartrefi.

Oherwydd lluosogi ar yr annedd-dai yn ardaloedd Rhostryfan a Rhosgadfan, a'r cynnydd yn y boblogaeth ar ôl 1840, dihysbyddwyd y mawn yn y Gors Goch, a bu raid cyrchu i fawnog arall ar du dwyreiniol Moeltryfan, sef Cors y Bryniau, a roes ei enw i chwarel lechi a agorwyd yn ei hymyl.

Yr oedd yr amserau'n newid, a daeth terfyn ar ladd mawn. Yn 1850 daeth y rheilffordd o Gaer i Fôn ac Arfon, a chafwyd moddion hwylus i gludo glo o Loegr a'r Gororau. Dechreuodd y bobl gymryd glo fel tanwydd a daeth terfyn ar y gwaith blin a llafurus o ladd a chynnull mawn. Gellid cael glo glân, gloyw am swllt y cant a hynny wrth ddrws y tŷ.

Byddai rhai pobl yn codi tywyrch yn y mynydd, ond nid oedd hynny'n waith cymeradwy na goddefol am ei fod yn prinhau'r borfa i'r defaid. Efallai fod yr enw Turf Square yng Nghaernarfon yn gamarweiniol. Y mae'n debyg y gellid cael rhai tywyrch ar werth yn y lle ar un adeg, ond 'Clwt Mawn', nid y 'Clwt Tywyrch' oedd yr enw arferol ar y lle oherwydd mai yno y dygid mawn i'w brynu gan y trefwyr.

Datblygiadau Eraill

Dug y bedwaredd ganrif ar bymtheg amryw newidiadau eraill i ardal Rhostryfan. Yn y saith-degau, cafwyd y rheilffordd gul i gysylltu'r fro â Chaernarfon.

Rhedid cerbydau ceffylau o'r fro i Gaernarfon (yn bennaf ar ddyddiau Sadwrn) hyd oni ddisodlwyd hwy gan gerbydau modur. Yn gynnar yn yr wyth-degau, cafwyd swyddfa bost i'r ardal, ac yna, y drefn o ddosbarthu llythyrau o dŷ i dŷ. Daeth y teleffôn i gysylltu ardal a thref. Sefydlwyd Bwrdd Ysgol yn y saith-degau, a chodwyd ysgoldy cyfleus ar gyfer yr holl fro.

Gan mai amcan hyn o hanes ydoedd cadw cof o bethau a anghofiwyd i raddau, nid oes alw am sôn am bethau a erys, nac am y gwahanol ddatblygiadau a ddaeth yn yr ugeinfed ganrif. Daw hynny'n orchwyl i gofnodydd diweddarach.

HEN DDIWYDIANNAU ARDAL RHOSTRYFAN

Ω

YN YR AMSER GYNT yr oedd yn rhaid i bob ardal ddarparu ar gyfer ei hangenrheidiau ei hun. Nid oedd moddion trafnidiaeth rhwng gwahanol rannau o'r wlad fel sydd yn awr, ac ni ellid cael llawer o nwyddau nac angenrheidiau o wledydd eraill. Oherwydd hyn yr oedd ymhob ardal bobl yn darparu ar gyfer y gwahanol anghenion; dillad, esgidiau, brethyn &c., a cheid teilwriaid, cryddion, gwehyddion, seiri coed, seiri maen a gofaint ymhob bro.

Peth pwysig iawn ydoedd cael dillad. Nyddid y gwlân yn edafedd gan y merched ar yr aelwydydd yn ystod y gaeaf, ac yna cymerid yr edafedd i'r ffatri i'w wneud yn frethyn. Y ffatri bwysicaf yn yr ardal hon ydoedd Ffatri'r Tryfan, ac am hir amser bu hon yn llenwi lle pwysig ym mywyd yr holl ardaloedd cylchynnol. Bu'n gweithio hyd o fewn rhyw ugain mlynedd yn ôl, ond erbyn hyn y mae'r lle wedi ei newid a'i droi'n dai. Yr oedd pandy yn y Bontnewydd, a chymerid y brethyn yno i'w bannu.

Y droell fawr oedd yn nyddu'r gwlân ar gyfer gwneud brethyn, ond er mwyn cael dillad ysgafn ar gyfer yr haf byddid yn nyddu llin i wneud lliain. Troell bach oedd yn nyddu llin. Bu'r droell fawr ar waith ar ôl y droell fach, ac yr oedd gweled troell ar yr aelwyd yn beth cyffredin iawn hyd o fewn rhyw gan mlynedd yn ôl.

Tuag at gael esgidiau yr oedd yn rhaid cael lledr, ac yn y Dolydd yr oedd y barcdy. Rhai blynyddoedd yn ôl wrth newid wyneb y ffordd yn y Dolydd daethpwyd ar draws llawer o gafnau coed oedd yn cludo dŵr i lawr y barcdy. Yma yr oedd llawer o byllau dŵr a rhisg derw wedi ei roi i mewn, ac wedi tynnu'r blew neu'r gwlân oddi ar y crwyn, dodid hwy yn y dŵr barc i galedu, ac ymhen amser tynnid hwy allan yn lledr durol. Byddai'r cryddion yn myned i'r Dolydd i mofyn lledr.

Yr oedd llawer o gryddion ymhob ardal. Ychydig llai na chan mlynedd yn ôl, codwyd gweithdy cryddion yn Nhan'rallt, ac ar un adeg bu cymaint â deuddeg o gryddion yn gweithio yno. Byddai'n rhaid i bawb fyddai'n gofyn am esgidiau roi mesur ei droed, ac yna gwneid par o esgidiau cryf a hardd iddo. Yr oedd sôn am esgidiau Tan'rallt o Lanberis i Lanhaearn, a byddai cryddion yn brysur yn gwneuthur esgidiau i bobl y gwahanol ardaloedd. Yr oedd y cryddion yn ddynion medrus iawn, ac yn dyfod o'u dechreuad o sir Fôn lle'r oedd gweithydd esgidiau enwog iawn. Ychydig a weithiau y cryddion ar ddydd Llun, a gelwir ambell ddiwrnod go ddi-waith yn "ddydd Llun cryddion" hyd heddiw.

Byddai dodrefn tŷ yn cael ei wneud ymhob pentref. Yr oedd gweithdy mawr yn y lle y mae Siop Newydd yn awr. Yma gweithiai hanner dwsin o seiri coed yn gwneud dodrefn i bobl, ac yn gwneuthur gwaith ar gyfer tai a chapeli a hefyd yn trwsio gwahanol offer i'r ffermwyr. Byddys yn gwneud troliau, berfâu, &c., yn ôl fel y byddai galw, ac felly yr oedd y seiri bob amser yn brysur iawn. Yr oedd gweithdy saer yn Nhyddyn Madyn hefyd.

Nid oedd melin yn ardal Rhostryfan, ond yr oedd melinau ar gyrion yr ardal, megis Melin Forgan, Melin y Bont, Melin Bengwern. Bu math o felin yn yr ardal hon, a gelwir y lle o hyd yn Felin Frag. Yma y melid brag ar gyfer gwneud cwrw yn y ffermydd. Y mae lle yn ymyl Tŷ'n Ffrwd a elwir Hen Odyn, ac yno yn yr amser gynt yr oedd odyn, ond ni wyddom pa un ai odyn flawd ai odyn galch ydoedd.

Pan ddaeth ysgolion yn gyffredin yr oedd galw mawr am lechi sgrifennu, a bu amryw felinau llechi yn yr ardaloedd hyn. Yr oedd melin felly yn Is Horeb ar un adeg a gwerthid y llechi ymhell ac yn agos. Yr oedd melin debyg yn ymyl Yr Hafod Boeth a bu honno'n brysur iawn hefyd. Bu dwy neu dair o felinau llechi yn ymyl y Bryngwyn hefyd, ac nid oes llawer o amser er pan ddarfu'r olaf ohonynt â gweithio.

Bu gefail gof yn y Tryfan ar un adeg, ac yr oedd honno'n enwog dros ran fawr o'r wlad. Gwneid gwregysau, breichiau haearn a choesau haearn ar gyfer rhai oedd wedi colli eu breichiau neu eu coesau. Yr oedd Owen Griffith, ysgweier y Tryfan, yn ddyn medrus ar wneud pethau o'r fath, a deuai pobl o bob man i gael gwregysau &c., ganddo.

Gan na fyddai'r plant yn myned i'r ysgol nac yn cael tasgau byddent yn treulio gyda'r nos i weld rhai hŷn yn gweithio, ac yn dysgu oddi wrthynt. Gallent felly wneuthur llawer o bethau at eu heisiau eu hunain. Y mae sôn am un bachgen o Rostryfan a fedrai wneud esgidiau iddo'i hun, gwneud cap iddo'i hun, yn ogystal â gwneud cwpan i ddal ei fwyd a llwy at ei fwyta. Y mae'n golled fawr i'n gwlad fod y plant a'r bobl ieuainc wedi colli'r hen fedr oedd yn nwylo'r pobl gynt. Byddai gweision y ffermydd yn ymryson gwneud llwyau pren yn ystod gyda'r nos, ac yr oedd rhai o'r llwyau hynny'n rhai tlysion iawn.

Byddai pobl yn ymgynnull ynghyd yng ngweithdy'r crydd a gweithdy'r saer ac yn yr efail gyda'r nos, a byddent yn siarad am wahanol bethau, ac yn dadlau ar wahanol bynciau. Trwy hyn byddai pobl yn dysgu llawer am helyntion y wlad, a'r bobl ieuainc yn dysgu sut i ddadlau a siarad. Y lleoedd hyn oedd yr unig goleg a gâi llawer o bobl y pryd hynny. Sonnir yn awr am geisio dyfod â'r hen ddiwydiannau yn ôl, ac y mae'n sicr y byddai lles mawr o hynny, yn lle ein bod yn disgwyl am bopeth o Loegr. Byddai'n dda i bobl ieuainc ddysgu defnyddio eu dwylo unwaith eto ac ennill meistrolaeth ar wneud gwahanol bethau. Yr ydym ni'n meddwl mai bywyd digysur iawn oedd bywyd y wlad yn y dyddiau gynt. Pe gallem gael golwg ar yr hen fywyd gwelem ei fod yn llawn diddordeb a phrysurdeb, ac y mae cael gwaith a phleser i'w wneud yn un o'r prif bethau a ddylai fod yn ein bywyd.

LLADD-DAI
RHOSTRYFAN

Ω

HYD O FEWN dwy oes neu dair yn ôl ychydig o gig newydd-ladd a welid ar fyrddau'r rhan fwyaf o'r werin. Arferai ein teidiau a'n neiniau fyned i Ffair y Gaeaf, ac ymhlith llawer o bethau eraill pwrcasent ddarn da o gig eidion neu gig dafad, ac wedi ei ddwyn adref a'i halltu dodid ef i grogi dan nen y gegin, a thorri tafellau ohono yn ôl yr angen. Er bod y cynllun o grogi'r cig o dan y nen yn wrthun iawn gan rai a syniadau diweddarach am iechydaeth, bu'r cynllun yn ddigon cymeradwy yn y dyddiau gynt.

Y pryd hynny yr oedd Ffair y Gaeaf yn bwysig iawn yn nhrefn y teulu, a gofelid am stôr o bethau i gyflenwi anghenion y cyfnod llwm a ddilynai, hyd oni ddeuai dechrau haf a'i gynnyrch.

Ar ôl i mi agor ysgol yng ngwaelod plwyf Llanwnda yn 1895 bu'n arferiad gennyf gau'r ysgol ar ddydd Gwener Ffair y Gaeaf oherwydd bod y rhieni'n lled gyffredinol yn mynd i'r Ffair ac yn cymryd eu plant gyda hwy neu yn eu cadw gartref i warchod. Gan na ellid disgwyl llawer o blant i'r ysgol y diwrnod hwnnw bernid mai doeth oedd ei chau am y dydd. Erbyn hyn nid oes gau ar yr ysgolion ar ddydd Gwener Ffair y Gaeaf gan fod y Ffair ers blynyddoedd yn ddiamcan ac yn ddibwrpas.

Yr oedd syniadau newydd ar gerdded. Daeth mwy o alw am gig newydd-ladd (neu gig ffres fel y'i gelwid). Y mae'n wir y byddai hwn neu'r llall yn ei dro yn lladd mochyn (ac yr oedd diwrnod lladd mochyn yn un prysur a phwysig). Rhoddai hyn gyfle i gymdogion a chyfeillion gael darn o gig ffres i'w fwyta'n syth, ac i halltu darn lle byddai gweddill. Cyn hir dechreuodd pobl ofyn pam na ellid cael cig ffres yn amlach — yn wythnosol, dyweder. I gyfarfod y gofyn newydd mentrodd ambell un droi'n gigydd ar raddfa fechan mewn ardal. Nid oedd angen gofyn caniatâd na hawl gan unrhyw lys i wneud hynny, a gellid defnyddio unrhyw adeilad hwylus i wneud y gwaith. Nid oedd galw am ddiffrwytho anifail cyn ei waedu, nac am gladdu'r gweddillion anfwytadwy yn briodol. Credaf y ceisid torri llinyn arian gwartheg i'w cadw rhag ystrancio wrth fyned dan y gyllell.

Hyd chwarter olaf y bedwaredd ganrif ar bymtheg nid oedd Iechyd Cyhoeddus wedi derbyn llawer o sylw deddfwrol. Er y gallai gweddillion anifeiliaid fod yn gasbeth (*nuisance*) ni allai (neu, o leiaf, ni wnâi) yr un awdurdod wladol ymyrryd.

Y cigydd cyntaf a gofiaf yn Rhostryfan oedd Huw Dafydd Pen y Parc. Am ddim a wn, gallai fod iddo rag-flaenwyr yn yr ardal. I mi'n fachgennyn, edrychai Huw Dafydd yn ŵr oedrannus. Cyfyng oedd cylch ei gwsmeriaeth. Dylid cofio na allai'r werin y pryd hwnnw fforddio cig ffres yn aml; ar gyfer y Sul yn unig y prynid cig gan y cigydd yn gyffredin. Yr oedd cadwraeth gyfyng y dydd Saboth yn dechrau llacio, ac yn lle darparu cinio'r Sul ar ddydd Sadwrn, dechreuwyd gwneud hynny ar y Sul. Gan nad oeddwn ond ieuanc iawn yn nyddiau cigyddiaeth Huw Dafydd ni wn lawer o fanylion yn ei gylch. Credaf iddo werthu ei fusnes i gymydog.

Ym mlynyddoedd cyntaf y saith-degau yn y ganrif o'r blaen dechreuodd Richard Williams ar ei waith fel cigydd. Brodor o Lanbedrog oedd ef, a daethai i'r ardal hon i wasanaethu fel gwas fferm yn Wernlas Wen. Y mae'n debyg na allai ef ymgymryd â gwaith trwm gan fod un troed iddo braidd yn anafus. Yr oedd, fodd bynnag, yn ddyn egnïol a meddylgar, ac ar ôl priodi â merch landeg a ffraeth o ymyl Caernarfon, ymsefydlodd yn y lleiaf o'r ddau Glan Carrog, a chodi lladd-dŷ pwrpasol dan yr unto â Chefn Paderau ar ymyl y ffordd ychydig islaw'r tŷ. Y mae'r adeilad wedi ei droi'n *garage* ers blynyddoedd bellach. Ni pherthynai i'r lladd-dŷ gyfleusterau megis cyflenwad dŵr a charthffos. Gan fod y lle'n sefyll ar fin y ffordd rhoddai gyfle i ni fel plant weld yr anifeiliaid yn mynd dan y gyllell ac y mae'n debyg mai'r gwylio hwnnw a fagodd ynof atgasedd at weled anifeiliaid yn dioddef.

Yn 1880, cododd Richard Williams dŷ helaeth ar fin y ffordd yn uwch i fyny'r pentref, a'i alw'n Bron Meillion. Adeiladodd hefyd lladd-dŷ cyfleus tu ôl i'r tŷ a sicrhau dŵr a chyfleusterau eraill ynddo. Gwyddai Richard Williams yn dda sut i brynu anifail a dalai am ei ladd. Gan mai at ddiwedd yr wythnos y byddai'r rhan fwyaf o'r ardalwyr yn pwrcasu cig dechreuodd alw yn gynharach yr wythnos ym mhrif dai'r rhan isaf o'r plwyf, a chan fod ansawdd y cig a werthai yn profi'n foddhaol enillodd gwsmeriaeth dda gyda dosbarth a allai brynu cig yn amlach nag unwaith yn yr wythnos.

Ar ddyddiau Gwener a Sadwrn arferai fynd gyda'i gig i ardaloedd Rhosgadfan a Bwlch y Llyn, ac ychwanegodd hyn gryn lawer at ei fusnes. Cafodd hanner can mlynedd o fasnachu, a bu'n llwyddiannus iawn a sicrhau iddo'i hun gynhysgaeth sylweddol.

Yn gynnar yn yr wyth-degau dechreuodd Edward Williams, Pen y Lan Isaf fel cigydd, a gwnaeth adeilad yn ymyl ei dŷ yn lladd-dŷ. Y mae'n debyg fod lle da i gigydd yn rhan orllewinol yr ardal ac yn enwedig i gyfeiriad y Groeslon. Ni chyfyngodd Edward Williams ei fusnes i'r rhan honno, ac arferai alw'n wythnosol yn rhan uchaf y pentref. Nid effeithiodd hyn fawr ar fusnes Richard Williams, gan fod iddo gylch ehangach. Nid oes amheuaeth na fu ychwanegu at y cyfleusterau cigol yn foddion i beri cynnydd mewn pwrcasu cig ffres.

Yr oedd llawer o ysbryd antur yn Edward Williams, a phan ddaeth rhan o hen ystad y Tryfan Bach ar werth prynodd hi, ac ychydig flynyddoedd yn ddiweddarach daeth y gweddill o hen ystad y Tryfan Fawr i'r farchnad, ac fe bwrcasodd y tiroedd hyn hefyd. Yn nes ymlaen, symudoedd ef a'i deulu o Ben y Lan i'r Tryfan Mawr, a chafodd yno le cyfleus i godi lladd-dŷ helaeth gyda chyfleusterau dŵr &c., a darfu am y lladd-dŷ yn yr hen drigias. Bu Edward Williams yn bur llwyddiannus yn ei wahanol anturiaethau, ond bu farw mewn oedran cymharol gynnar (54) cyn iddo allu cyflawni ei holl gynlluniau.

Yn nes ymlaen, cymerwyd y lladd-dŷ yn y Tryfan gan

Robert Williams Tal y Bont (Bryn Melyn, wedi hynny) a dug busnes ymlaen am dros ugain mlynedd gan wasanaethu'r un cylch a'i ragflaenydd.

Pan gafwyd Deddf y Cynghorau Dosbarth yn 1894, trosglwyddwyd gweinyddiad llawer o ddeddfau Iechyd i'r Cynghorau hynny. Hwy, bellach, oedd yr awdurdod i baratoi cronfeydd dŵr i'r gwahanol ardaloedd, i ddarparu carthffosiaeth mewn pentrefi poblog, i ofalu am lanweithdra cyhoeddus &c. Y pryd hynny nid oedd llawer o ddynion wedi ymgymhwyso i ymgymryd â'r cynlluniau newydd. Ni allent wneud ychwaneg na hysbysu am glefydon heintus a gofalu am lanweithdra cyhoeddus. Yn niffyg personau hyfforddiedig, dewiswyd ffermwyr a'r cyffelyb i gyflawni'r dyletswyddau o fewn eu gallu. Yn raddol, cafwyd dynion oedd wedi derbyn cwrs o hyfforddiant mewn iechydaeth, a dewiswyd y cyfryw ddynion i fod yn Arolygwyr Iechyd. Yr oedd 'rheolaeth' (*control*) ar gynnydd bellach, a daeth lladd-dai i dderbyn sylw arbennig. Trwy hyn cafwyd llawer o welliant, a gofelid nad oedd gweddillion y lladd-dai yn gasachosion (*nuisances)* mwyach. Yn y dyddiau hynny arferai cigyddion gerdded yma a thraw i ddewis anifeiliaid ar gyfer eu masnach. Dibynnai eu llwyddiant ar eu medr i ddewis anifeiliaid a roddai iddynt y cig gorau. Nid oedd unrhyw gyfyngiad ar ryddid dyn i ymsefydlu fel cigydd, ond nid oedd yn rhaid iddo ofalu bod ei ladd-dŷ yn gyd-ffurf â'r gofynion newydd, a darparu ynddynt gyfleusterau neilltuol.

I fynd ymlaen gyda'n testun, sylwn ar achos arall. Oherwydd pall ar ei iechyd ni allai Robert Jones, Bryn Derwen, ddilyn ei orchwyl cysefin yn y chwarel, ac ym mlynyddoedd cynnar y ganrif penderfynodd droi at fod yn gigydd. Bu gyda Richard Williams, Bron Meillion, yn dysgu egwyddorion ei grefft newydd, ac ar ôl hynny penderfynodd ddechrau busnes ar ei droed ei hun. Codwyd lladd-dŷ newydd iddo yn ymyl ei gartref, a gofalwyd cyfarfod y gofynion a drefnwyd gan y Cyngor Dosbarth. Cyfyngodd Robert Jones ei gylch yn bennaf i ardal Rhostryfan, a llwyddodd i ennill bywoliaeth gysurus. Yn anffodus, fe'i galwyd i wasanaeth milwrol yn 1916, a gorfu iddo ymadael â'i fro a'i fusnes. Yn 1917 daeth i'w ddiwedd yn un o ffosydd Ffrainc ac yno gorwedd ei lwch. Bu hyn yn loes fawr i'w deulu ac i'w ardal. Dangoswyd hynny yn y gwasanaeth dwys a lluosog a gafwyd i'w goffáu yng nghapel Horeb, Gorffennaf 4, 1917. Gresyn oedd galw i ryfel un ag yr oedd hynny mor groes i'w dueddfryd naturiol. Bu Robert Jones mewn partneriaeth ag amryw gigyddion — Robert Williams, Fach Goch, John Thomas, Penrhos Gwta, Robert Williams, Tyddyn Parthle. Yn ddiweddarach bu'r lladd-dŷ ym Mryn Derwen yng ngwasanaeth Thomas Roberts, Bryn Eithin, a Thomas Orr, Bryn Afon.

Yn y cyfamser yr oedd Huw Jones, Bryn Carrog, wedi dechrau ar fusnes fel cigydd. Brodor o Laniestyn oedd ef, a chan nad oedd ei iechyd yn ddigon cryf iddo barhau i wasanaethu fel gwas fferm, troes i fod yn gigydd. Cymerodd Tŷ'n y Maes fel lladd-dŷ. Defaid ac ŵyn a laddai ef, ac er mai cyfyng oedd cylch ei gwsmeriaeth bu'n abl i ennill bywoliaeth ddigonol.

Ymhen amser daeth Thomas Roberts, Meillionydd, Cesarea, yn ôl i'r ardal hon. Brodor o Henllan yn sir Ddinbych oedd ef, a ddaethai yma yn niwedd y ganrif o'r blaen i wasanaethu gyda Richard Williams, Bron Meillion. Ymhen amser priododd Thomas Roberts un o ferched yr ardal, ond bu hi farw'n lled fuan. Cyn hir priododd un arall o ferched yr ardal, gan ymsefydlu yn ardal Cesarea a dechrau ar ei waith fel cigydd. Ymhen amser bu farw ei ail briod; rhoes yntau y gorau i'w waith, a dyfod yn ôl i Rostryfan gan drigiannu ym Mryn Afon. Dug ei unig ferch, a'i gŵr, Thomas Orr, i lawr i'w ganlyn. Daliodd Thomas Orr at waith y cigydd a chadw siop, yn y Siop Newydd i ddechrau, ond yn ddiweddarach ym Mryn Afon. Erbyn diwedd yr Ail Ryfel Mawr nid oedd yn yr ardal onid dau gigydd - Thomas Roberts, Bryn Eithin, ym Mron Meillion, a Thomas Orr ym Mryn Afon.

Yng nghwrs y blynyddoedd cynyddai rheolaeth, a galwai'r Swyddogion Iechyd yn feunyddiol yn y gwahanol ladd-dai i weld bod y lleoedd hyn yn cadw at ofynion y gyfraith. Gofynnid am driniaeth fwy rhesymol a llai annynol tuag at anifeiliaid cyn dechrau ar oruchwiliaeth y gyllell, ac os byddai pethau eraill yn foddhaol cydnabyddid y lladd-dŷ fel un trwyddedig — *'registered slaughter house'*.

Gan fod perthynas agos rhwng y cigyddion a'r ffeiriau

misol a gynhelid yn y dref, bydd yn fuddiol sôn ychwaneg am y ffeiriau. Nid anifeiliaid tewion yn unig a ddygid i'r ffair, a gellid cael amrywiaeth yno — henlloi, heffrod, buchod cyfebr a buchod blithion i gyfarfod angen y sawl a ddeuai i'r ffair i brynu. Cynullid y gwahanol anifeiliaid ar y maes eang yn y dref, a thrwy'r bore cerddai'r prynwyr ymofyngar heibio iddynt i chwilio am yr anifeiliaid a atebai i'w gofynion. Ni threwid bargen ar unwaith oni cheid gwybod ystad y fasnach yn y ffair y diwrnod hwnnw. Y drefn gyffredin yn y dyddiau hynny oedd cerdded yr anifeiliaid i'r ffair. Os teimlai perchen nad oedd y pris a gynigid iddo am ei dda'n ddigonol cerddai hwy'n ôl adref. At y prynhawn gellid gweld nifer dda o wartheg yn cerdded i orsaf y rheilffordd. Prynesid y rhai hynny gan borthmyn a gyrchai i'r ffair o Loegr a'r Gororau, a threfnid i anfon yr anifeiliaid i'r mannau hwylus i'r prynwyr. Yr oedd y cigyddion lleol a'u llygaid ar anifeiliaid tewion a weddai i'w marchnad.

Erbyn hyn y mae dyddiau'r ffeiriau misol, megis hen Ffair y Gaeaf, wedi mynd heibio. Pam? Mewn dyddiau eraill yr oedd ffeiriau'r wlad yn ddigon pwysig i'w cyhoeddi yn yr almanaciau yn ogystal ag yn nyddiaduron rhai o enwadau crefyddol. Ar y cyfan, gellir dweud bod cynllun y ffeiriau yn ddigon teg a rhesymol tuag at y prynwr a'r gwerthwr, ond yn raddol, ar ôl rhyfel 1914-1918, daethpwyd i edrych ar drefn y ffeiriau fel un hen ffasiwn a gwledig. Yn y trefydd mawr a'r dinasoedd ffynnai trefn arall, sef dwyn yr anifeiliaid i fan canolog a'u gwerthu dan law arwerthwr trwyddedig. Trefnwyd bod yr anifeiliaid yn y rhannau gwledig i'w dwyn i fannau canolog yma a thraw, a'u bod i'w dosbarthu yn ôl eu hansawdd wrth farn a synnwyr gwŷr profiadol, a'u gwerthu gan arwerthwr trwyddedig. Felly aeth dydd y *sale* yn fwy pwysig na dydd y ffair, a'r fan ganolog yn fwy poblogaidd na'r dref ar ddyddiau'r hen ffeiriau. Digwyddodd newid cyffelyb ynglŷn â marchnata llaeth.

Yn ystod yr Ail Ryfel daeth ymyriad pellach ar ladd-dai cigyddion — y tro hwn o du'r wladwriaeth ei hun. Yng nghysgod gofynion amddiffynnol y wlad yn ystod y rhyfel, trefnwyd bod sefydlu un lladd-dŷ ar gyfer bro a thref, a bod yr holl anifeiliaid i'w lladd a'r cig i'w dorri yn y lle arbennig hwnnw. Archwilid y cig gan y Swyddog Iechyd er mwyn sicrhau bod ansawdd y cig yn addas, ac i arbed i'r

swyddogion hynny redeg i holl ladd-dai'r fro i arolygu'r lle —
yr oedd hynny'n barhaus. Yr oedd pob cigydd yn y dref ac yn
y wlad i gyrchu ei ddognau cig o'r lladd-dŷ mawr. Nid oedd y
cynllun hwn yn dderbyniol gan lawer o'r cigyddion — yr
oedd yn drafferthus ac anhwylus yn aml. Eto, yr oedd, ac y
mae, rhai manteision yn perthyn i'r drefn newydd hon, ond y
mae wedi cau'r mân ladd-dai yn y gwahanol ardaloedd, yn
ogystal â pheri diweithdra ymhlith rhai a wasanaethai'r
cigyddion gynt.

Y mae'r genhedlaeth bresennol wedi dysgu ymostwng i'r
drefn newydd, ac i raddau helaeth yn dygymod â'r gwahanol
gyfyngiadau presennol, ond byddai'n ddiddorol gwybod
beth a feddyliai'r hen gigyddion gynt yn wyneb y colli
rhyddid a'r ymyriadau a orddiwes eu dilynwyr heddiw; y
mae'n amlwg fod 'rhyddid y deiliaid' i gryn raddau wedi ei
golli, nid yn unig yng nghysylltiadau'r testun, ond mewn
llawer cysylltiad arall hefyd. Y gwir, fodd bynnag, yw fod
diogelwch cymdeithas yn bwysicach na rhyddid personol yr
unigolyn.

A fydd edfryd ar yr hen ladd-dai gwledig, neu ar yr hen
ffeiriau? Nid wyf broffwyd na mab i broffwyd, ac ni fynnwn
broffwydo.

Perthyn i gyfnod diweddar yn hanes ein gwlad y mae'r hyn
a draethwyd uchod, ond efallai mai buddiol yw cofnodi'r
hanes yn oes rhai sydd yn cofio'r amgylchiadau ddeg a
thrigain a phedwar ugain o flynyddoedd yn ôl.

PONC Y FORYD

Ω

HYD ONI DDAETH cynnwrf rhyfel i'w chyffroi yn 1939, ardal dawel a llonydd a geid oddeutu Traeth y Foryd, ond yn niwedd y ddeunawfed ganrif, ac am un oes ar ôl hynny, bu cryn fywiogrwydd ym Mhonc y Foryd. Efallai y gofyn rhywun ym mha le y mae. Saif ar lan Traeth y Foryd rhyw filltir a hanner i'r deau o Aber Menai.

Yn amser Harri VIII mawr ofnai'r awdurdodau gwladol y byddai i Hisbaen wneuthur rhuthr o'r môr ar Loegr a Chymru, ac er mwyn paratoi ar gyfer hynny, trefnwyd i gael rhestr o'r holl gilfachau a thraethau lle gallai gelyn lanio. Ymhlith y cilfachau a enwir ym Môn ac Arfon ceir Aber Menai, ond nid enwir Traeth y Foryd: y mae'n debyg yr ystyrid na ellid cyrchu'r Traeth gan agosed Aber Menai.

Y mae'n rhaid mai yn rhywle tua genau Traeth y Foryd y croesodd Gwydion fab Don yn ei long hud ar ei ymdaith o Gaer Dathyl ger Coed Alun drwy Aber Menai i Gaer Arianrhod yn nyddiau pell y Mabinogion.

Fe erys ar draddodiad fod nifer o ynysoedd gleision i'w cael yng nghanol y Traeth gynt, ond erbyn hyn nid oes dim ond tywod i'w weled yno pan fo'r dŵr ar drai. Dywedir y cedwir cof o'r ynysoedd yn enw fferm sydd ar fin y Traeth — Cefn Ynysoedd.

Yn ôl y mapiau o arfordiroedd Cymru a wnaed gan Lewis Morris yn 1748 nid oes awgrym fod unrhyw fath ar ddiwydiant yn ffynnu ar lannau'r Traeth, ar wahân i'r enw 'Limehouse' a roed i le a adwaenir yn lleol fel Tŷ Calch. Ymddengys bod olion hen odyn i'w canfod ar fin y Traeth, tua dau canllath i'r deau o Dŷ Calch. Hefyd, ceir olion odyn arall tua milltir eto yn fwy i'r deau.

Yn nyddiau Lewis Morris, fodd bynnag, yr oedd y

98

chwareli llechi ar Fynydd y Cilgwyn yn datblygu'n gyflym a'r llechi'n dyfod yn nwydd tra marchnadol. Sylwa Lewis Morris fod allforio llechi'n rhan bwysig o fasnach tref Gaernarfon. Dywaid amdanynt fel hyn:

> Y mae'r llechau'n las eu lliw, yn ysgafn ac yn hwylus ar gyfer tai sydd heb eu coedio'n drwm, ac at ddal tywydd gwnant y to gorau o bopeth a gafwyd yn y fro.

Dywaid hefyd yr allforid tua phedair miliwn o lechi bob blwyddyn i Iwerddon, Llundain a rhannau eraill o'r wlad. Nid yw hyn yn cytuno â'r hanes a geir gan John Wynne yn *Sir a Thref Caernarfon* (1860) lle dywaid ar dud. 36:

> Yr unig un yn llwytho ceryg slates yn nhref Caernarfon, bedwar ugain mlynedd yn ôl, ac ychydig llai na hynny, oedd Elizabeth James, Tan y Bont, trwy gynhorthwy bechgyn y dref.

Nid yw hyn yn swnio'n debyg i drafod deuddeng mil a hanner o gerrig yn y dydd, yn ôl cyfrif Lewis Morris mewn cyfnod cynharach, ond y mae digon o brofion fod cynnyrch llechi wedi cynyddu'n fawr yn y Cilgwyn a'r gymdogaeth rhwng 1748 a 1780, a bod cynnydd mawr hefyd yn nifer y sawl a gludai'r llechi o'r chwareli.

I ba le y cludid y llechi? Os ewch i Bonc y Foryd a chrafu tipyn ar y tywod sydd ar fin y feiston, fe ganfyddwch domenni o farian llechi — tystiolaeth led bendant fod yma gryn lwytho ar lechi ar un adeg. Er bod Dinas Dinlle yn nes na Phonc y Foryd yr oedd y traeth yno yn rhy agored a digysgod i wneud unrhyw fath ar borthladd: yr oedd ym Mhonc y Foryd, o'r tu arall, well achles i longau a geid i gludo yn y dyddiau hynny.

Yn ôl pob hanes, yn bynnau ar feirch y dygid y llechi i lawr o'r chwareli, ar y cyntaf, ac yr oedd hyn yn waith trwm, gan nad oedd y llechi a gynhyrchid y pryd hynny mor ysgafn ag a awgrymid gan Lewis Morris: datblygiad diweddarach ydyw'r cerrig tenau a weithir heddiw. Cyn hir gwelwyd bod trefn y pyn-feirch yn rhy araf ar gyfer y cynnydd a ddaeth yn y galw am lechi, a dechreuwyd defnyddio troliau i gludo'r llechi o'r chwareli. Canfu ffermwyr Llanwnda a Llandwrog fod elw yn y gwaith, a chyn diwedd y ddeunawfed ganrif yr oedd nifer mawr ohonynt yn gludwyr llechi.

Nid yw'n hawdd gwybod beth oedd gwerth ariannol y llechi a allforid yn flynyddol o Bonc y Foryd, ond efallai y ceir rhyw syniad am fywiogrwydd y lle ar un cyfnod o ddeall bod, tua 1780, dri o dai yn y lle wedi eu trwyddedu fel tai tafarnau. Yn 1770 yr oedd chwe thŷ o'r fath ym mhlwyf Llanwnda ac o'r rhain yr oedd tri yn y Foryd:

Robert Rowland of Foryd.
Thomas Harris of do.
Robert Jones of do.

Oherwydd na cheir bod tŷ trwyddedig yn y Foryd mewn dyddiau cynharach y mae'n deg inni gymryd mai datblygiad y lle fel porthladd a fu'n achos y galw am agor tai cwrw yno. Y mae hefyd yn ddiddorol cofio mai'r chwarelwyr eu hunain oedd yn gofalu am werthiant y llechi — nid oedd cyfnod y 'dynion canol' na'r Saeson ariannog wedi dechrau y pryd hynny, ac nid oedd galw am dai yfed yn beth dieithr yn y wlad yn y ddeunawfed ganrif.

Yn rhyfedd iawn, nid yw traddodiad ardal y Foryd wedi cadw ar gof pa rai oedd y tai trwyddedig, oddieithr ynglŷn â Hen Foryd, ffermdy ar fin y traeth, a 'ffermwr' yw un enw a roir ar Robert Rowland a ddaliai drwydded ar y lle am flynyddoedd. Nid oedd tai eraill yn y llecyn oddieithr y tŷ bychan ar y Bonc a'r ddau dŷ sydd ynglŷn â'r odyn.[1]

Yn fuan ar ôl 1780 fe wnaed gwell ffordd rhwng Caernarfon a Phwllheli, a daeth yn haws cyrchu i Gaernarfon o'r ardaloedd cylchynol. Yr oedd Caernarfon yn dechrau canfod bod elw i'w gael o'r fasnach lechi, ac ni allai fod heb wybod am y prysurdeb a geid ym Mhonc y Foryd. Erbyn y flwyddyn 1800 yr oedd y dref wedi llwyddo i droi rhan dda o'r fasnach i'w phorthladd ei hun: dylid cofio hefyd nad oedd fawr lun ar gyfleusterau cei na hwylustod llwytho i'w cael yng Nghaernarfon y pryd hynny. Ar ôl y flwyddyn a nodwyd y gwastatawyd y Maes ac y cliriwyd ei bonciau i godi'r cei gerllaw'r castell. Yr oedd y ffordd newydd y soniwyd amdani'n rhagori ar y ffyrdd croesion a redai o'r Cilgwyn i Bonc y Foryd ond nid oedd gystal o lawer â'r ffordd unionach a wnaed yn ddiweddarach. Y mae pwt o'r hen ffordd i'w weled rhwng ysgol y Bontnewydd a Phont y Pant.

Erbyn 1800 hefyd yr oedd llawer o chwareli heblaw'r Cilgwyn wedi eu hagor yn y gymdogaeth, a daeth cynnydd yn nifer y cludwyr llechi — ffermwyr o Glynnog a Llanllyfni yn ogystal â Llandwrog a Llanwnda. Pan roed dewis i'r cludwyr hyn fynd â'u llwythi i Gaernarfon neu i'r Foryd dewisodd saith deg ohonynt gludo i Gaernarfon gan adael dim ond ugain i fynd i Bonc y Foryd. Yr oedd y dewis yn un rhyfedd — golygai myned i'r dref dalu yn nhollbyrth y Dolydd a Phont Saint, tra gellid osgoi'r ddau wrth fynd i'r Foryd. Peth arall, hefyd — cwynai goruchwylwyr y ffyrdd fod y llwythi trymion a ddygid o'r chwareli yn torri'r ffyrdd yn enbyd, ond pan archwyd i'r cludwyr osod cylchau lletach am olwynion eu menni, cwynent na allent ddwyn y gost oherwydd y cynaeafau colledus a geffid yn y blynyddoedd hynny.

At hyn hefyd yr oedd amryw chwareli newyddion wedi eu hagor yn Nyffryn Nantlle, a chludo'r cynnyrch wedi tyfu'n broblem ddyrys. Cyn hir gwelwyd mai'r peth gorau fyddai cael cledrffordd o Nantlle i Gaernarfon. Yn 1826 cafwyd awdurdod seneddol i redeg cledrffordd o chwarel Cloddfa'r Lôn i Gaernarfon, ac o 1828 hyd 1857 gwasanaethodd hon fel moddion cludo rhwng chwareli Nantlle a Chaernarfon. Yn ôl y cynllun gwreiddiol yr oedd cangen-lincll i redeg o'r Garth, Llanwnda, 'to Foryd Port', ond ni chyflawnwyd y rhan hon o'r cynllun, ac ni allai Ponc y Foryd fod mwyach yn borthladd llechi. Magwyd lliaws o forwyr ar fin y Bonc, a daeth nifer da ohonynt yn gapteiniaid ar longau a hwyliai o Gaernarfon. Y mae eu beddfeini i'w gweled ym mynwentydd Llanwnda a Llanfaglan.

Eithr er dyfod pall ar drafnidiaeth llechi yn y Foryd ni ddarfu am brysurdeb yn y lle. Yr oeddys wedi codi odyn galch gerllaw'r porthladd llechi, ac am lawer o amser bu'r odyn hon yn cyflenwi cwmwd Uwch Gwyrfai â digonedd o galch. Y mae llyfr cyfrifon yr odyn am 1814-15 i'w weled ymhlith Llawysgrifau Porth yr Aur yng Ngholeg y Brifysgol ym Mangor, ac oddi wrth y cyfrifon gwelir bod ffermwyr ac adeiladwyr yn y rhanbarth rhwng y Foryd a phen uchaf Clynnog yn cyrchu calch o'r odyn hon. Ymhlith y cwsmeriaid mwyaf yr oedd George Bettis, goruchwyliwr ystad Glyn Llifon; John Griffith, ysgweier y Tryfan; Dafydd Jones, Bodfan; Griffith Parry, Bodryn; Robert Jones, Pont Faen.

Gwelir hefyd yn y llyfr cyfrifon enw Capel Bwlan ag 89 pecaid o galch wrtho, ac oddi wi th hyn gellir cymryd mai yn y flwyddyn 1814 yr adeiladwyd y capel. Enw diddorol arall yw'r eiddo William Hughes Penbryn Saron, yr hen weinidog Annibynnol pybyr a gweithgar a drigiannai gynt ym Mryn Beddau, ac a ymsefydlodd gerllaw'r capel newydd a godasid yn Saron.

Ymddenygys bod yr odyn yn 1814 dan ofal Richard Parry, Plas Llanwnda, ond ni fu ei oruchwyliaeth yn gwbl foddhaol; ac nid oedd ei Gymraeg na'i Saesneg yn loyw iawn. Gwerthid y calch am ugain ceiniog y peg, a gellid cael unrhyw swm o chwarter pecaid i fyny.

Mewn dyddiau pan oedd trafnidiaeth ar hyd y tir yn araf a chostus yr oedd cael morgainc fel Traeth y Foryd yn ymestyn mor bell i'r tir yn hwylustod mawr mewn cwmwd mor ddiarffordd ag oedd Uwch Gwyrfai y pryd hynny. Am gyfnod hir ar ôl i'r fasnach lechi gilio o'r Bonc ac i'r odyn galch ballu bu cychod glo'n parhau i ddyfod i'r Bonc yn gyfnodol gan ddwyn tanwydd i'r fro gylchynol.

Nid oedd ardal y Traeth yn hoffi segurdod, a phan gollodd y drafnidiaeth lechi, a darfod am losgi calch yn yr odyn, troes i geisio adeiladu llongau, megis y gwnâi llawer man gyffelyb yn y dyddiau hynny. Richard Edwards, Tŷ Hen, oedd yn dal y Bonc erbyn hyn. Dyfynnaf a ganlyn allan o nodion a gafwyd gan Mr David Thomas, M.A., Bangor, gŵr cyfarwydd â hanes llongwriaeth Arfon:

Yn y Foryd yr adeiladwyd yr *Ellen Glynne* yn 1843, 37.16 tunnell, gan Thomas Edwards, Tŷ Hen 'builder & owner', ond ni olygai hynny mai ef oedd y crefftwr a'i hadeiladodd. Yr oedd y llong yn 42.2 tr. o hyd, 14.3 tr. o led, a 7.5 tr. o ddyfnder. Owen Jones oedd ei chapten cyntaf; penodwyd Thomas Griffith yn gapten yn Glasgow yn 1850, ac Owen Jones drachefn yng Nghaernarfon yn ddiweddarach. Fe gollwyd y llong yn 1867 rhwng Duddon a Saltney. Smac oedd, â thri o ddwylo. Adeiladwyd y *Laura Ann* yn 1846, ac fe ddywedir mai Caernarfon oedd y lle yr adeiladwyd hi, ond gan mai Thomas Edwards, Tŷ Hen, Llanwnda, oedd ei hadeiladydd, credaf mai yn y Foryd y bildiwyd hithau. Smac 29 tunnell oedd â thri o ddwylo, ac fe'i collwyd yn 1854. 42.3 tr., 13.2 tr., a 7 tr. oedd ei mesuriadau.

Gwelir oddi wrth y dyfyniad uchod fod prysurdeb yn nodweddu ardal Ponc y Foryd hyd gyfnod lled ddiweddar.

Yn anffodus i lwyddiant parhaol y lle, daeth y diwydiant yno bron yn gyfamserol â chyfodiad ager fel gallu i yrru llongau ar hyd y môr. Yn raddol, enillodd ager-longau oruchafiaeth ar longau hwyliau, a chyn hir collodd y llestri bychain lawer o'u bri a'u gogoniant, a darfu, i raddau helaeth, am ramant morwriaeth ac am y ddawn a'r medr i drin hwyliau. Pan ddarfu am y smac a'r slŵp, darfu hefyd am adeiladu llongau mewn cilfach neu borth. Dyna fel y bu ym Mhonc y Foryd.

Cyn gorffen hyn o hanes efallai y dylid nodi un peth arall. Pan werthwyd hen ystad y Pengwern ar farwolaeth Mrs Wynne, yr olaf o'r Meredyddiaid, yn 1828, tybiai Evan Prichard, prynwr y Pengwern, ei fod yn prynu'r odyn galch ar y Bonc hefyd, a bu'n rhaid wrth dipyn o ddarbwyllo arno mai ar dir Glyn Llifon y safai'r odyn. Yn y diwedd trowyd canpunt o bris y pryniant yn ôl iddo.

[1]Deallaf fod ar dir Hen Foryd gynt le a elwid Tŷ Newydd, a'i fod yn un o'r tri thŷ trwyddedig y sonnir amdanynt uchod.

YSGOLION

Ω

PRIN RYFEDDOL ydyw'r hanes am ysgolion cynnar yn y plwy. Cyn canol y ddeunawfed ganrif ni ellir dywedyd bod y syniad am addysgu'r werin wedi torri ar feddwl neb. Nid oedd yn beth anarferol gweled rhai yr ysgrifennid 'gent.' ar ôl eu henwau yn arwyddo gwahanol ddogfennau gyda chroes. Yn ystod y ddeunawfed ganrif cafwyd cyfle mewn llawer ffordd i weled gwaith pobl yn arwyddo cofnodion. Er enghraifft y mae rhestrau plwyf yn cofnodi adeg priodasau y gwahanol bartïon yn yr eglwys, a disgwylid i'r partïon hynny yn ogystal â'r tystion dorri eu henwau ar y Llyfr Rhestr. Deuai peth cynnydd i'r golwg fel y cerddai'r ganrif ymlaen. Ar y cyntaf, croes a roddid rhwng enw a chyfenw y sawl a arwyddai; ar ôl hynny gwelir bod yr arwydd yn cynnwys dwy briflythyren lled arw a'r enw'n llawn wedi ei sgrifennu gan ryw law fwy cyfarwydd, ac yn lle galw hynny'n 'groes' fel y gwnelid gyda'r 'X' gelwid ef yn 'farc'. Yn niwedd y ganrif gwelwn fod nifer lled dda yn gallu torri eu henwau'n llawn — prawf o gynnydd addysg, y mae'n ddiau.

Efallai nad oedd ysgolion i'w cael yn nes na thre Caernarfon. Gwelir bod map Speed yn 1616 yn nodi bod 'Free School' yng Nghaernarfon. Ceir hefyd gyfeiriad at ysgol yn y dre yn nyddiau'r Weriniaeth, ac yn neilltuol felly yn niwedd yr ail ganrif ar bymtheg pan fynnai gŵr o'r enw Ellis Rowlands, Annibynnwr pybyr a gwrthwynebwr di-ildio i'r deddfau a dorrai ar ryddid yr Anghydffurfwyr, nid gyda phregethu yn unig, ond hefyd gyda chadw ysgolion. Y mae lle i gredu nad yn y dref ei hun yr oedd ysgol Ellis Rowlands, eithr yn y faesdref — ni enwir mohono fel gŵr o Gaernarfon, eithr fel un o dre Llanbeblig. Am ddim a wyddom yr oedd ysgol yn y dref ei hun o dan nawdd yr Eglwys Sefydledig.

Ynghanol y ddeunawfed ganrif gwelir bod deffroad neilltuol yn dyfod ynglŷn ag addysgu plant. Beth a barodd y deffroad hwn? Ai rhywbeth a ododd ymysg yr offeiriaid ydoedd, ai ynteu'r rhieni oedd yn galw am ysgolion? Y mae un peth yn sicr, nid gwthio'i ysgolion cylchynol ar sir Gaernarfon a wnaeth Griffith Jones Llanddowror, eithr ceisio ateb galwad y bröydd arno. Dengys llwyddiant yr ysgolion hefyd bod yr alwad yn gyffredin yn ddeublyg, sef ar du'r offeiriaid ac ar du'r rhieni. Efallai fod argyhoeddiad yr offeiriaid yn gynharach ac yn ddyfnach nag eiddo'r rhieni, ond nid oes amheuaeth na roes y rhieni cyn hir bob cefnogaeth i'r ysgolion trwy anfon eu plant iddynt. Yr anfantais fawr ynglŷn â'r ysgolion teithiol hyn oedd nad oeddynt yn barhaol mewn ardal neu blwy, ac yr oedd cyfnod o ddeng mlynedd heb ysgol yn peri bod cenhedlaeth yn codi na allai ddarllen o gwbl, a hyn yw'r rheswm, efallai, nad oedd nifer y darllenwyr ar ddiwedd y ganrif mor lluosog ag y gellid disgwyl ar ôl hanner canrif o ysgolion. Dibynnai'r ysgolion yn gyffredin ar y gefnogaeth a gaent gan yr offeiriaid plwy. Lle byddai offeiriad effro, ceid ysgol yn ei blwy, a hynny'n lled aml.

Bu plwy Llanwnda yn hynod o ffodus ynghanol y ddeunawfed ganrif i gael offeiriad oedd yn ysgolhaig ei hun ac yn awyddus am achub y werin o'i hanwybodaeth. Hwnnw oedd y Parch. Richard Farrington, M.A., gŵr a'i hynododd ei hun mewn amryw gyfeiriadau, yn enwedig yn ei ymchwil i bynciau hynafiaethol yn ei fro a'i sir. Mewn plwy cyfagos y cafwyd yr ysgol gylchynol gyntaf yn y rhan hon o'r sir, sef ym Metws Garmon, ond y tymor dilynol daethpwyd â'r ysgol drosodd i blwy Llanwnda, sef i'r Pentre Bach sydd yn Nant y Betws, ar ochr Llanwnda i afon Gwyrfai. Pe gofynnid pam na ddechreuwyd ar y gwaith yn eglwys y plwy, sef yn Llanwnda, gellir dywedyd bod tipyn o waith paratoi ar ei chyfer, a bod yn offeiriad, sef Mr Farrington, yn brysur yn codi adeilad pwrpasol at ddibenion yr ysgol, a hynny o'r tu allan i furiau'r eglwys. Yn ei lythyr at Griffith Jones yn 1750 i wneuthur cais am athro, dywed ei fod bron â chwblhau ysgoldy ar gyfer yr ysgol, a bod ganddo ŵr yn ymyl, sef clerc y plwy, a allai gymryd lle athro. Am ugain mlynedd ar ôl hyn cafwyd ysgol yn y plwy yn lled reolaidd, er nad yn yr un lle bob amser. Dyna gychwyn ar addysgu'r werin, a bron yn gydredol â hyn yr oedd y Diwygiad crefyddol yn dechrau cerdded y bröydd. Nid ydys yn sicr nad oedd ysgolion mewn cysylltiad â rhai eglwysi cyn amser yr Ysgolion Cylchynol — yr oedd hyn yn wir am blwy cyfagos, Llandwrog, lle cynhelid ysgol yn y Ffrwd dan nawdd teulu Glynllifon. Gwneir gwahaniaeth rhwng yr ysgolion hynny a'r Ysgolion Cylchynol, a gelwid y rhai olaf hyn yn 'Welsh Schools' oherwydd mai dysgu Cymraeg oedd y prif waith a wneid ynddynt. Rhwng 1750 a diwedd y ganrif cawn ddigon o brofion fod yr ysgolion eraill wedi eu codi yma a thraw. Yr oedd cryn wahaniaeth yn yr athrawon. Weithiau ceid dynion o allu a dysg i fod yn athrawon, a phryd arall ceid hen filwyr neu ddynion anafus, o'r un math ag a ddisgrifir gan Daniel Owen yn ei ddarlun o Robin y Sowldiwr.

Wrth ddarllen bywyd rhai a ddaeth yn amlwg yn ystod y ddeunawfed ganrif cawn gyfeiriadau at ysgolion a gedwid yn eu dyddiau ieuainc yma a thraw. Griffith Davies, F.R.S. wedi hynny, yn cerdded o'r Beudy Newydd i Lanwnda i ysgol Saesneg a gedwid yno. Robert Hughes, Uwchlaw'r Ffynnon yn cerdded o Ddyddyn Tudur i'r Hen Efail i Ysgol Dafydd Ddu Eryri. Y Parch. William Griffith (Caergybi, wedi hynny) yn cael ei anfon yn saith oed i ysgol a gedwid gan Benjamin Powell yn y Bontfaen yng ngwaelod plwy Llanwnda. Glasynys a'i frodyr yn mynd i'r ysgol oedd ynglŷn ag eglwys Llanwnda. Yr oedd y rhieni wedi cydio yn y syniad y dylai'r plant gael ysgol, ac ymdrechwyd eu hanfon i'r ysgol am rai blynyddoedd hyd oni byddent yn ddeg oed, dyweder, ac yn barod, yn syniad yr oes, i ddechrau ennill eu bara beunyddiol. Am resymau a roddir yn ddigon amlwg gan rai o wŷr eglwysig y wlad dechreuwyd, ar ôl 1840, godi ysgolion Cenedlaethol yn y gwahanol blwyfi — adeiladau rhagorol yn eu dydd a'u hamser, ac yn ddigon agos at ei gilydd i fod yn gyfleus i'r gwahanol ardaloedd. Gellir nodi'r ysgolion a godwyd yng Nghlynnog, yn Llandwrog, yn y Bontnewydd, yn y Waun Fawr ac yng Nghaernarfon, fel enghreifftiau o ysgolion dan rym y symudiad eglwysig. Erbyn hynny yr oedd ardaloedd poblog yn codi ar y llechweddau, a'r chwarelwyr a drigai ynddynt wedi colli llawer o'u hymlyniad wrth yr

Eglwys Sefydledig, ac yn awyddus am gael capeli iddynt eu hunain yn fwy cyfleus, a hefyd gael ysgolion i'w plant yn rhydd oddi wrth ddylanwadau eglwysig. Ar ôl 1843 dechreuwyd codi ysgolion a elwid yn Brydeinig, o dan nawdd yr Ymneilltuwyr, yn fwyaf neilltuol, ond ni allai pob plwy fforddio codi adeiladau ar gyfer ysgolion felly, yn enwedig oherwydd bod telerau'r Llywodraeth ynglŷn â rhoi rhoddion at ysgolion yn tynhau ac yn ei wneud yn anodd i ardaloedd tlodion gyfarfod â'r telerau hynny. Nid oedd hyn yn lladd llawer ar awydd y rhieni, ac mewn llawer lle trefnwyd i gael ysgol ynglŷn â'r capeli. Nid oedd yr addysg o radd uchel oherwydd na allai'r bobl dalu cyflog teg i athro cymwys yn ôl gofynion y llywodraeth. Daeth ymwared i'r bobl hyn pan gafwyd Deddf Addysg 1870, ac yn lled ddiymdroi aethpwyd ati i godi ysgolion teilwng ar gyfer rhoi addysg i bawb o blant y werin. Yn ychwanegol at gael adeiladau da yr oedd yn rhaid sicrhau athrawon cymwys. Yn wir, yr oedd yr Ysgolion Cenedlaethol yn ogystal â'r Ysgolion Prydeinig, mewn deugain mlynedd o amser, wedi cynhyrchu digon o athrawon i ymgymryd â chadw'r ysgolion newydd ar derfyn eu tymor yn y Colegau Athrawol.

Y mae i gwrs y Bwrdd Ysgol ym mhlwy Llanwnda hanes pur ddiddorol. Oherwydd fod y plwy bellach wedi torri'n ddau yn gymdeithasol, sef y rhan amaethyddol yng ngwaelod y plwy, a'r rhan ddiwydiannol yn y rhan uchaf, aeth y plwy'n ddwyblaid ar fater y Bwrdd Ysgol. Yr oedd yn naturiol i'r rhan isaf lle trigai'r amaethwyr a lle tclid trethi lled drymion yn barod, wrthwynebu gosod baich ychwanegol ar y dreth trwy fynnu cael Bwrdd Ysgol i'r plwy. Ni allai trigolion y rhan uchaf o'r tu arall godi ysgol ar eu cost eu hunain, a naturiol oedd iddynt alw am Fwrdd Ysgol. Yr oedd yr un mor naturiol i ficer y plwy fod yn wrthwynebol i Fwrdd Ysgol, ac ef oedd arweinydd a phennaeth y gwrthwynebwyr. O'i ddeutu, fel y sylwyd, safai prif amaethwyr y plwy. Yn eu herbyn yr oedd y chwarelwyr, dosbarth lled niferus erbyn hyn a thra phybyr dros eu golygiadau gwleidyddol a phlwyfol. Digwyddai fod yn ardal Rhostryfan fugail ieuanc ar eglwys y Methodistiaid Calfinaidd yn y lle, ac yr oedd ef yn dra brwdfrydig dros gael Bwrdd Ysgol. Yn Festri'r Plwy yr oedd y mater i'w drafod, a chan mai offeiriad y plwy oedd y cadeirydd yn y cyfarfodydd yr oedd yn naturiol iddo wrthwynebu cynigion y chwarelwyr a gwrthod rhoi'r cynigion i lais y cyfarfodydd. Cododd y teimladau'n lled uchel ar y naill ochr a'r llall, a chwynai lliaws o'r ffermwyr yn erbyn y chwarelwyr. Yr oedd ysgolion y Bontnewydd a Llandwrog yn ddigon cyfleus i blant y rhan isaf, a dadleuent y dylai plant y rhannau uchaf gerdded i gyrraedd yr un manteision. Cafwyd mwy nag un cyfarfod, a methid â chael boddhad i deimladau'r mwyafrif oherwydd bod y ficer yn gwrthod rhoi'r mater i bleidlais. Yr oedd yn ofynnol i bleidwyr y Bwrdd Ysgol droedio'n ofalus rhag i un cam o chwith o'r eiddynt brofi'n rhwystr i'w cais. Cafwyd barn bargyfreithiwr ieuanc ar y mater, a chyfarwyddodd hwnnw'r gweinidog a'i bleidwyr pa fodd i symud. Y diwedd fu i'r ficer adael y gadair, a chyhoeddi'r cyfarfod ar ben. Ond ni thyciodd hynny. Mynnwyd cael gŵr arall yn gadeirydd, a phan brofwyd y cyfarfod yr oedd mwyafrif llethol dros gael Bwrdd Ysgol. Un peth anffodus ynglŷn â'r cyfarfodydd hynny ydoedd i arweinwyr y chwarelwyr sicrhau'r amaethwyr na chodai'r dreth addysg yn fwy na thair ceiniog yn y bunt. Cyn bo hir gwelwyd nad oedd modd cadw'r dreth ar y safon hwnnw, a pharhaodd cryn lid ar ran y ffermwyr am gyfnod lled faith.[1]

[[1] Mae'r ysgrif hon yn gorffen gyda'r 1870au. Dichon fod yr awdur yn teimlo ei fod â gormod o gysylltiad personol â'r pwnc i fod yn wrthrychol. Bu'n was i'r Bwrdd Ysgol fel Prifathro Felinwnda, ac efallai ei fod yn gwybod yn rhy dda am y llid a ddaeth o du'r ffermwyr. Yn anffodus, nid yw Llyfr Cofnodion y Bwrdd ar gael, ond ceir cofnod o hanes y ddwy ysgol yn y Llyfrau Log a gedwir yn Archifdy Caernarfon. — *Gol.*]

CHWAREL A CHAPEL
CHWAREL Y CILGWYN
YN EI PHERTHYNAS AG
YMNEILLTUAETH Y FRO

Ω

Y MAE'N DEBYG y gellir cysylltu enw llawer chwarel â chynnydd crefyddol ein bröydd, ond credwn ei bod yn haws i ni ddilyn cysylltiad chwarel y Cilgwyn â chrefydd nag ydyw yng Nghae Braich y Cafn neu Ddinorwig. Yn un peth, yr oedd y Cilgwyn yn datblygu ar gylch llai, a'r fro a wasanaethai yn llawer cyfyngach nag yn achos y ddwy chwarel arall a enwyd. Y mae yn debyg hefyd fod gan y gweithwyr eu hunain yn y Cilgwyn fwy o ran yn rheolaeth y chwarel, a bod y rheolaeth yn nes at y werin nag ydoedd yn y lleoedd a weithid dan awdurdod y Penrhyn neu'r Faenol.

Agorwyd chwarel y Cilgwyn ar y comin, a phery'r tir yn nwylo'r Goron o hyd. Y mae'n wybyddus mai tir y Goron ydoedd y mannau lle ceir chwareli Bethesda a Dinorwig yn awr, ac i'r tir hwnnw ddyfod yn feddiant personol drwy foddion nad ydys yn glir iawn ar eu natur. Y mae'r cwestiwn hwn yn perthyn i faes ehangach nag sy gennym ar dro'n awr, a gadawn ef yn y fan hon ar hyn o bryd.

Mewn ysgrif a gyhoeddwyd gennym dro'n ôl eglurwyd sut y cafodd mab ysgweier Glynllifon brydles am ddeng mlynedd ar hugain ar fynydd y Cilgwyn yn 1745, a sut y digwyddodd mai ychydig o gynnydd a fu ar y chwarel yn y cyfnod. Eithr y mae gennym amryw brofion fod gweithio yn y Cilgwyn rhwng 1750 a 1800. Gellir nodi rhai ohonynt wrth fyned heibio.

Y mae rhai cofnodion yn sôn am chwarelwyr Rhostryfan

yn 1769. Mewn ysgrif ar 'Eleazar Owen' dywed y diweddar John Williams, Tal y Bont (gweler *Cymru*, Mai 1899) fod Eleazar Owen wedi marw yn 1865 yn wyth a phedwar ugain mlwydd oed, ac wedi bod yn gweithio yn y Cilgwyn er pan oedd yn wyth oed. Gan fod Eleazar Owen wedi ei eni ym mlwyddyn y "tair caib", sef 1777, y mae'n amlwg fod gweithio yn y Cilgwyn yn 1785. Dywedir hefyd fod Owen Dafydd, tad Griffith Davies, Llundain, yn gweithio yn y Cilgwyn yn 1788, a bod Griffith Davies ei hun yn gweithio yno cyn diwedd y ddeunawfed ganrif. Yn *Hanes Methodistiaid Arfon* (Cyfrol I) dywedir bod amryw o gymdogaeth Bryn'rodyn yn gweithio yn y Cilgwyn yn 1768, ond y mae gennym resymau dros gredu bod y flwyddyn honno yn rhy gynnar i'w chysylltu ag enwau'r rhai a nodir yn y gyfrol.

Soniwyd yn barod am John Wynn, Glynllifon. Daeth ei brydles ef i ben yn 1775 neu 1776, ac ychydig a fu'r cynnydd yn natblygiad y chwarel yn ystod tymor y brydles. Eithr yn lled fuan daeth mwy o fywiogrwydd yn y gwaith, a bu hynny'n symbyliad i Wynn geisio cael adnewyddu'r brydles. Yn rhyfedd iawn, yr oedd yn dal i dalu toll i'r Drysorfa ar ôl dirwyn o'r brydles — nid yw'n rhyfedd ychwaith wrth gofio am lacrwydd swyddogaeth y Goron yn y dyddiau hynny. Parhaodd Wynn i dalu hyd 1790, ond y flwyddyn ddilynol gwrthododd Archwilydd y Drysorfa dderbyn y doll am y rheswm syml fod y brydles wedi hen ddirwyn i'r pen.

Aflwyddiannus a fu John Wynn (ac yntau bellach yn Arglwydd Newborough) i adnewyddu'r brydles, er iddo wneuthur llawer cynnig. Yn 1791 cafodd Robert Roberts, Caernarfon, cynrychiolydd y Goron, awdurdod i osod y chwarel i unrhyw berson neu bersonau a fyddai'n atebol i weithio'r chwarel, y rhai uchaf eu pris i gael y cynnig, a'r tâl i'r Goron i fod yn ddeg y cant o werth yr holl gynnyrch. Derbyniodd amryw bersonau y telerau hyn, a dechreuasant weithio'r chwarel eu hunain a chyflogi nifer o ddynion eraill i'w cynorthwyo.

Yr oedd cymerwyr yn amgenach eu safle na'r dynion a weithiai iddynt — yn wir, y cymerwyr yn unig oedd yn cyfrif fel chwarelwyr, ac ar eu llaw hwy yr oedd trefnu'r gwaith a gwerthu'r cynnyrch. Ar brydiau neilltuol cyfarfyddai'r cymerwyr yng Nghaernarfon, a chyrchai atynt nifer o ddynion y gellid eu galw'n llech-fasnachwyr yr oes honno; yno cytunid ar y pris am y llechi.

Oherwydd prinder mannau cyfleus eraill yr oedd yn rhaid cyfarfod yn y tafarnau, a chan nad oedd argyhoeddiadau dirwestol yn rymus iawn yn y wlad ar y pryd yr oedd bil y ddiod yn y cyfarfyddiadau masnachol hyn yn rhedeg yn lled uchel, neu mewn geiriau eraill, yr oedd yn rhaid talu 'siot'. Yr oedd 'siot' yn derm dieithr yn y rhan hon o Gymru, ond yr oedd ar arfer yn Lloegr ar hyd y canrifoedd, ac yr oedd talu 'siot' yn rhoi safle bwysig i ddyn yn nrefn y tir. Y mae'r cysylltiad Seisnig i'r gair hwn, 'siot' neu 'shot' yn awgrymu mai cynllun Seisnig ydoedd talu 'siot' wrth drafod gwerth y llechi. Credaf hefyd fod y 'siot' bob amser yn disgyn ar y sawl a dderbyniai arian, ac nid ar y sawl a'i talai, yn debyg fel y mae 'rhodd' yn disgyn yn y drefn sydd gan ffermwyr a phorthmyn i weithio wrthi o hyd — trefn sydd yn ymddangos i ni yn un lled ddi-ystyr ac ofer.

I ran y cymerwyr y disgynnai talu'r 'siot' wrth werthu'r llechi, ond gan y byddai'r prynwyr a'r gwerthwyr yn cyd-yfed, a'r prynwyr yn fwy cynefin â diod gadarn, ni fyddai'r chwarelwyr cyn hir mewn cyflwr i sefyll yn dynn at fargen, a throi hynny'n anfantais a cholled iddynt hwy, yn ogystal ag i'r dynion oedd yn llafurio erddynt yn y chwarel.

Trefn lled anhwylus oedd yr un y talai'r cymerwyr eu trethi i'r Drysorfa dani. Yr oedd yr un mor afreolaidd hefyd i'r gweithwyr weithio'r chwarel heb brydles ag ydoedd i Wynn dalu treth ar ôl i'r brydles redeg i'r pen, ond nid oedd y gweithwyr yn colli nemor o'u cwsg ar gyfrif yr afreoleidd-dra.

Er hyn oll, trefn anhylaw a beichus oedd hon; y peth gorau a berthynai iddi oedd ei bod yn gosod tipyn o bwysigrwydd ar y cymerwyr eu hunain. Ymddengys, fodd bynnag, fod gwŷr eraill â'u llygaid ar y chwarel bellach — gwŷr ariannog, chwannog i elw, ac nid oedd rhaid iddynt wrth lawer o fedr i argyhoeddi awdurdodau'r Goron y ceid trefn well trwy osod prydles ar y chwarel i dri neu bedwar o wŷr cyfrifol, a'u gwneuthur hwy'n atebol am y trethi. Ond ni chafwyd prydles ar unwaith, ac wrth gwrs, yr oedd y mân gymerwyr yn llidiog iawn yn erbyn y rhai a fynnai eu disodli.

Wedi llawer cynnig, llwyddodd pedwar o ddynion i gael prydles ar chwarel y Cilgwyn; dyma'r pedwar — John Price,

Mona Lodge, Sir Fôn; Thomas Jones, Bryn Tirion; Richard Roberts, Caernarfon a John Evans, Nantlle. Cafodd y rhain gryn drafferth i argyhoeddi'r gweithwyr fod grym yn y brydles newydd, a bod yr hen drefn o weithio i ddarfod. Ni chymerai'r chwarelwyr sylw o rybuddion y prydleswyr newydd, a bu ymdrech rhyngddynt am dros ddwy flynedd. Yr oedd y gyfraith, bid siwr, o du'r prydleswyr; yr oedd cryn benderfyniad yn nodweddu'r gweithwyr, ar y llaw arall. Y gyfraith a orfu yn y pen draw, a daeth rheolaeth chwarel y Cilgwyn i afael dynion a lynodd wrthi'n hir.

Efallai y byddai'n ddiddorol i ni roi yma gopi o'r rhybudd a gafodd nifer o bersonau a fynnai ddal i weithio yn y Cilgwyn ar ôl i'r pedwar gŵr a enwyd gael prydles ar y chwarel. Yr ydym heddiw'n deall digon o Saesneg i ddarllen y rhybudd yn yr iaith wreiddiol; y mae'n amheus gennym a allai'r sawl a dderbyniodd y rhybudd wneuthur hynny.

To

I am directed to give you Notice That The Right Honourable the Lord's Commissioners of his Majesty's Treasury Have granted a Lease of a certain part of Cilgwyn common, and of all those Quarries called Cilgwyn Quarries, situate, lying and being in the several Parishes of Llandwrog, and Llanllyfni, or of one of them in the Hundred of Uchgorfai, in the County of Carnarvon, to JOHN PRICE of Mona Lodge, in the County of Anglesea, Esquire; THOMAS JONES of Bryntirion, in the County of Carnarvon, Esquire; RICHARD ROBERTS of Carnarvon, Merchant, and myself; which Lease commenced on the 5th day of April 1800. I do hereby therefore give you Notice, That if you do, by yourself, or your Servants, or Workmen, enter into or upon the said Quarries, or any of them, or any Part of the said Common, Leased as aforesaid, or in any wise work or Quarry Slate therein, that you will be proceeded against, in his Majesty's Court of Exchequer, at Westminster, as a Trespasser and Intruder; and that if you do in any wise Damage any of the Works now erected, or hereafter to be erected by the said Lessees, or any of the Carts, Carrs, Barrows, or other Tools of the said Lessees in the said Quarries, or near thereto, you will be proceeded against for wilful and malicious Trespass. Whereof you have this Notice. Given under my Hand this 20th Day of April 1802.

Credaf mai John Evans, Nantlle, oedd yn anfon y rhybudd — y "myself" sydd ynghanol y truth. Gwelir bod "Lord's" wedi ei arfer hefyd yn lle "Lords", ond y mae'n debyg nad oedd hynny'n rhyfygu dim ar effeithiolrwydd y rhybudd, er y buasai llithriad bach ar ran y gweithwyr yn ddigon i ddirymu cytundeb neu hawl. Gwelir hefyd fod dwy flynedd wedi treiglo oddi ar pan gafwyd y Brydles cyn i'r rhybudd cyfreithiol hwn gyrraedd y tresmaswyr.

Efallai y byddai'n ddiddorol rhoi enwau'r gwŷr a dderbyniodd y rhybudd. Dyma hwy:

John Griffith, Tyddyn Dafydd.
Robert Evans, Caernarfon.
Thomas Hughes, Wernlas Wen, (Rhostryfan).
Isaac Williams, Rhostryfan.
John Roberts, Glyn Meibion.
Gwen Roberts, eto.
John Williams, Hafod y Coed.
Williams Robins, Tyddyn Dafydd.
Hugh Jones, Coed y Brain (Rhostryfan).
William Hughes, Tyddyn y Berth (Rhostryfan).
Robert Hughes, Glyn Iwrch.
John Hughes, Glyn Meibion Mawr.
Methusa Jones, Tyddyn Dafydd.
William Roberts, Bodgared (Rhostryfan).
Evan Hughes, Cae Cyd.
Evan Daniel, Cae Cwnstabl.
Richard Hughes, Bryn Nennan.

Nid wyf yn meddwl bod y cwbl o'r rhai hyn yn weithwyr y Cilgwyn; gwn am rai ohonynt mai cludo o'r chwarel oedd eu gwaith, a chan fod hynny'n waith pur elwgar y mae'n amlwg mai mantais iddynt a fyddai cadw'r chwarel dan yr hen drefn yn hytrach na derbyn trefn y prydleswyr newydd.

Yr oeddys wedi gosod y rhybuddion ym mhyrth yr eglwysi plwy yn y cylch, ond nid oedd dim yn tycio, a bu'n rhaid anfon rhybudd personol i bob un o'r gwŷr uchod. Na thybied neb ychwaith fod y rhestr uchod yn cynnwys enwau'r holl weithwyr yn y Cilgwyn ar y pryd — gellid yn hawdd ychwanegu enwau gweithwyr y gwyddys yn bur ddilys eu bod yn gweithio yn y Cilgwyn y pryd hwnnw. Gwyddom hefyd ddarfod i rai personau a enwir uchod ddal i gludo cerrig o'r Cilgwyn am flynyddoedd ar ôl dyddiad y rhybudd. Yr oedd amryw ohonynt yn ffermwyr lled gefnog hefyd, a bu'r elw a ddaeth iddynt o gludo cerrig yn sylfaen dda i'r gynhysgaeth a adawsant ar eu hôl.

Dyna'n fyr rai o'r helyntion a fu yn y Cilgwyn o boptu i'r flwyddyn 1800. Yn yr un cyfnod yr oedd tipyn o gynnwrf yn codi ym myd crefydd y fro, a byddai'n dda i ni aros am funud i ystyried beth oedd effaith y datblygiad gweithfaol ar y safle grefyddol.

Erbyn 1800 yr oedd nifer dda o drigolion plwyfi Llanllyfni, Llandwrog a Llanwnda'n dibynnu'n lled helaeth am eu bywoliaeth ar y gwaith a geid yn y chwarel. Trwy hyn cyfododd dosbarth newydd o ddynion yn y fro, sef dynion oedd yn annibynnol i raddau ar y ffermydd, a dynion a ddaeth cyn hir i synio am fywyd mewn ffordd wahanol i'r hen ffordd. Gynt, y ffermwr oedd y ffactor bwysicaf ym mywyd gwlad, ac ef i raddau oedd yn rheoli ymhob cylch. Y mae'n wir mai meibion y ffermydd ydoedd y chwarelwyr cyntaf — ni allent ddygymod â bod heb ychydig dir dan eu gofal o hyd, a dyna pam y caeasant ddarnau o'r comin a'u troi yn dyddynod.

Pan ddaeth cenhedlaeth arall bodlonai honno ar dai moel, ac felly y codwyd y pentrefi lluosog a geir yn rhannau uchaf y tri phlwy a enwyd. Mewn un oes felly yr oedd yn hawdd i'r ffermwr golli ei hen flaenoriaeth.

Gadewch i ni sylwi am ennyd ar yr hen ddyddiau. Ar dro neu ar hap y ceid cynulliad mawr o ffermwyr — yn y ffair, yn yr arwerthiant wrth y sgubor ddegwm, wrth gerdded y terfynau neu yn yr Ŵyl-mabsant — ac o'r braidd y gellid adnabod dyn yn dda oddi wrth gyfarfyddiadau achlysurol o'r fath. Nid hawdd ychwaith ydoedd i bersonoliaeth neb ddatblygu mewn ystyr gymdeithasol dan yr amgylchiadau a nodwyd; y mae'n debyg mai i gyfeiriad ceidwadrwydd a gochelgarwch y tueddai'r hen ddull.

Yn y chwarel, ar y llaw arall, cyfarfyddai dynion yn feunyddiol, a thrawai'r naill ddyn yn erbyn y llall bob dydd gwaith. Trwy hynny y deuid i adnabod dynion yn well, i wybod beth oedd gwir natur pob dyn a beth oedd grym ei bersonoliaeth. Tueddai hyn i ledu cydymdeimlad dynion, i ehangu eu gorwelion a llyfnu eu hymddygiadau; hefyd cai'r gŵr craff a phenderfynol gyfle i ddatblygu ei nodweddion ac i ddyfod yn arweinydd ymhlith ei gyd-weithwyr.

Mwy na hyn, yr oedd cynulliad beunyddiol fel a geid yn y chwarel yn peri bod helyntion y gwahanol fröydd yn bynciau trafodaeth fynych, a mynych drafod yn ennyn diddordeb mewn gwahanol bynciau ac yn magu argyhoeddiad ym meddyliau dynion. Yn y pethau hyn nid oedd y chwarel yn wahanol i'r gweithfeydd o wahanol fathau a godai yn yr oes honno yn Lloegr a Chymru, ond gellir dywedyd mai yn yr un cyfnod y daeth trafod pynciau gwladol a chrefyddol yn beth cyffredin ymysg y werin. Y mae'n amlwg fod dylanwadau newyddion yn dechrau gweithio yn y wlad, a dyna pam yr arhoswn gyda hwynt fel hyn. At ein pwrpas ni'n bresennol effaith y chwarel ar safle crefydd yn ein bro sydd i dderbyn ein sylw.

Y mae dilyn hanes crefydd yng Nghymru wedi bod yn fater anodd ar gyfrif sêl enwadol a fu'n nodweddu'n cenedl yn ystod rhan fawr o'r ddwy ganrif ddiwethaf, ond credwn ein bod yn awr wedi cyrraedd dyddiau y gellid ystyried yr hanes hwnnw'n ddi-dueddd ac yn rhesymol. Peth ofer bellach ydyw dadlau ynghylch sefyllfa grefyddol Cymru yn y ddeunawfed ganrif.

I raddau helaeth, yr Eglwys Wladol yn unig oedd yn cyfrif y dyddiau hynny, ac yr oedd gwahanol amgylchiadau yn nodweddu bywyd crefyddol y plwyfi. Ar dro, ceid offeiriad a deimlai gyfrifoldeb ei "barchus arswydus swydd", a byddai ffyniant lled dda ar yr eglwys yn ei blwy. Ar ei ôl deuai offeiriad o dduedd wahanol â'i fryd ar bethau y tu allan i gylch neilltuol ei waith. Dan offeiriad o'r fath ni cheid yr un brwdaniaeth ynglŷn â gwaith yr eglwys, a cherddai llawer o ddifrawder dros y plwyfolion. Y mae un peth yn amlwg — yr oedd y werin yn dra ymlyngar wrth yr eglwys fel y cynrychiolai'r drefn grefyddol yn y wlad. Yn y llan y bedyddid y plant, yno hefyd y priodwyd eu rhieni ac y claddwyd eu hynafiaid, ac ond odid mai yn yr un gladdfa y cleddid pawb o'r teulu pan ddeuai eu tro. Teimlai'r werin yn fodlon ar y drefn a safai, ac nid oedd dim sŵn anfoddog yn codi yn unman.

Y mae'n wir fod Anghydffurfiaeth wedi ffynnu yng Nghlynnog a mannau eraill yn ystod yr ail ganrif ar bymtheg, ond cyfyngedig iawn oedd dylanwad y mudiad hwnnw, ac o'r braidd yr oedd yn ganfyddadwy yn nechrau'r ddeunawfed ganrif. Cyn hir daeth y Diwygwyr o'r De i gynhyrfu bröydd di-gynnwrf Arfon, a theimlodd rhai pobl swyn gwŷr grymus y Diwygiad. Eithr o ddiffyg cymundeb parhaus â'r De, mudlosgi yn unig yr oedd y pentewyn. Gwelwn oddi wrth adroddiadau'r offeiriaid yn hanner olaf y ddeunawfed ganrif fod yr Anghydffurfwyr a'r "Methodistiaid" wedi syrthio ar ddyddiau di-fywyd a di-gynnydd.

Yr ocdd yr offeiriaid ei hunain yn fanwl iawn wrth wahaniaethu rhwng Anghydffurfwyr a "Methodistiaid"; ystyrient y rhai olaf fel rhyw gynhyrfwyr yn y praidd, a chyfrifent hwy ymhlith eglwyswyr eu plwy. At ddiwedd y ganrif daeth lefain y Diwygiad i weithio'n gryfach — daeth yr Anghydffurfwyr a'r Methodistiaid dan ddylanwad y Diwygiad, a throes y llin a fu'n mygu i fod yn fflam danllyd a gwresog.

Ymhlith yr amaethwyr a'r sawl a lafuriai iddynt y gweithiodd y dylanwadau newyddion, ac felly ceir bod yr achosion Anghydffurfiol wedi eu noddi gan amaethwyr, a hynny am y rheswm mai hwy'n ymarferol oedd yr unig ddosbarth lluosog a phwerus a geid yn y wlad ar y pryd. O ddilyn cyfodiad y gwahanol achosion crefyddol yn ardaloedd Llanllyfni, Llandwrog a Llanwnda, ceir mai'r ffermdai oedd mannau cynnull i bobl wrando ar y pregethwyr teithiol ac i gynnal eu seiadau a'u cyrddau neilltuol. Tua'r un pryd gadawai'r meibion eu cartrefi i chwilio am waith yn y Cilgwyn, a chan mai crefydd a'r Diwygiad oedd pynciau'r dydd yn y cartrefi yr oedd yn naturiol i'r un pethau gael sylw yn y chwarel, a thrwy hynny treiglid yr hanes i bob ardal yn feunyddiol, a sicrheid diddordeb toreth o'r ardalwyr ynddo.

Fel y cynyddai'r gweithwyr yn y Cilgwyn cyfodai cartrefi newyddion ar y comin a estynnai o'r Cilgwyn hyd yn Rhostryfan — hynny yw, caeid darnau o'r comin gan y chwarelwyr a chyfodid tai arnynt, fel y cyfeiriwyd yn barod.

Oherwydd difrawder y penaethiad eglwysig yn yr oes honno, yn ogystal ag oherwydd anystwythter y drefn eglwysig, gedid y tyddynwyr newyddion heb nemor ddarpariaeth grefyddol ar eu cyfer. Trigent ymhellach o lawer oddi wrth eglwys y plwy erbyn hyn, a daeth meithder y ffordd yn esgus gan lawer ohonynt tros beidio â mynychu'r gwasanaethau yn yr eglwysi. Nid oeddynt, fodd bynnag, wedi llwyr golli'r hen ymlyniad wrth yr Eglwys fel sefydliad. Eithr dan yr amgylchiadau hyn cyfodai cenhedlaeth ieuengach, sef plant nas dygid dan ddylanwad trefn yr eglwys, a phan ddeuai'r rhai hynny i oedran tipyn yn aeddfetach yr oedd yn hawdd eu troi at ryw ffurf arall ar grefydd heblaw'r un a gynrychiolid yn y drefn eglwysig. Yn y chwarel clywent sôn am y cynnwrf crefyddol a ddigwyddai yn yr ardaloedd a ddaeth tan ddylanwad y Diwygiad, a hawdd iawn ydoedd ennill eu cydymdeimlad â'r achosion newyddion a sefydlid yn yr hen bentrefi a'ı hen gymdogaethau. Yn y ffordd hon collodd yr Eglwys Wladol ei gafael ar rannau helaeth o'r bröydd hyn, a chyn bod y bedwaredd ganrif ar bymtheg yn ugain oed yr oedd toreth y boblogaeth yn ardaloedd y chwareli'n Ymneilltuwyr.

Am rai o'r eglwysi Anghydffurfiol a gyfododd yn nyffryn Nantlle a chylchoedd cyfagos gellir dywedyd nad oedd iddynt fam-eglwysi, neu'r hyn a eilw'r Sais yn 'parent-church'. Y mae'n wir fod achosion Annibynnol wedi ffynnu yn Llŷn ac Eifionydd yn ystod yr ail ganrif ar bymtheg, ond nid o'r rhai hynny y tarddodd yr eglwysi Annibynnol sydd yn y rhan o'r wlad sy gennym dan sylw. Math ar 'spontaneous growth' oeddynt, a gellir olrhain hynny trwy gymorth rhai traddodiadau a geir am y dyddiau gynt.

Yr oedd yn y chwarel, fel ymhob cynulliad arall o ddynion, dri dosbarth o weithwyr, sef y rhai oedd yn fodlon cymryd eu hargyhoeddi ar wahanol bynciau, rhai eraill a argyhoeddid yr un mor hawdd ond yn awyddus am gael trefnu pethau ar ôl fel y dymunent eu hunain, heb orchymyn nac awdurdod neb arnynt; ac eraill yn lled ddifraw ynglŷn â gwahanol symudiadau ac yn glynu wrth bob hen drefn. O'r dosbarth cyntaf a enwyd yr oedd yn hawdd gwneuthur Methodistiaid — pobl a oddefai ddisgyblaeth fanwl, a dderbyniai awdurdod, ac a garai drefn a rheol. Cymdeithas eglwysig oedd eu delfryd hwy, a derbynient y drefn a osodid iddynt gan y Gymdeithasfa a Chyfarfod Misol. O gofio bod grym y Diwygiad yn lled gryf ar feddyliau y sawl a ddeuai dan ei ddylanwad nid yw'n rhyfedd fod cymaint o drigolion bröydd Nantlle wedi tyfu'n Fethodistiaid.

Am yr ail ddosbarth gellir dywedyd eu bod yn naturiol fwy annibynnol o ran ansawdd eu meddwl, ac yn fwy anoddefol tuag at ddisgyblaeth a rheol. Nid oedd trefn gaeth y Methodistiaid yn hoff ganddynt, a dewisent fwy o ryddid i drefnu eu pethau eu hunain.

Gwyddys am rai achosion lle gwrthodid ymyriad ar ran pobl y seiat, hyd yn oed gyda sefydlu Ysgol Sul, neu drefnu Ysgol felly ar ôl ei sefydlu, a bod hynny wedi troi'n foddion i gychwyn achos Annibynnol yn y cyfryw leoedd. Nid ydys am roi dim yn erbyn dynion fel y rhai hyn, eithr dywedyd yr ydym fod natur eu meddyliau'n annibynnol ac na allent oddef ymyriad ar ran neb arall. Fel y datblygai'r chwareli deuai dynion o ardaloedd eraill i geisio gwaith ynddynt, a digwyddai rhai o'r gwŷr hyn ddyfod o ardaloedd lle ceffid achosion Annibynnol yn barod, ac ar gyfrif yr hen agendor a fu rhwng Anghydffurfwyr a Methodistiaid yr oedd yn naturiol i'r newydd-ddyfodiaid ymuno â'r achosion Annibynnol a godai yn y bröydd hyn.

Efallai y dylid egluro nad ydys yn gwneuthur gwahaniaeth yn y cysylltiad hwn rhwng Annibyniaeth a Bedyddiaeth — yr oedd y Bedyddwyr yn gystal Anghydffurfwyr â'r Annibynwyr, a'u trefn eglwysig bron yn gyfatebol. Eithr dywedwn eto am rai eglwysi Annibynnol a Bedyddiol sydd yn Nantlle a'r cylch nad canghennau o eglwysi eraill ydynt, eithr yn hytrach sefydliadau a gyfododd yn naturiol yng ngrym gwahaniaethau hanfodol sy'n perthyn i feddyliau a theimladau dynion.

Ac yn awr tuag at y trydydd dosbarth. Gwŷr penrhydd, ysgafnfryd, ysgafala ydoedd y rhai hyn, ac ni feddai crefydd na chymdeithasiaeth ar fawr apêl atynt. Gwyddent am ragoriaethau merlyn ac am gampau cŵn, mynychent y ffeiriau a'r ymladdfeydd, a mwy dewisol ganddynt ydoedd cyfnos mewn cyfeddach nag mewn seiat. Yr oeddynt yn bur rhywiog eu tymer, yn llawn o natur dda, a chan na feddent ar argyhoeddiadau dyfnion ar unrhyw bwnc yr oeddynt yn lled glir oddi wrth ragfarnau. Nid oedd eu chwaeth yn caethiwo llawer arnynt yn eu hymddiddanion nac yn eu hymadroddion, a chadwent yn fyw lawer o nodweddion yr oesoedd blaenorol.

Oherwydd y pethau hyn yr oeddynt yn llawer mwy hynaws na'r rhan fwyaf o'r crefyddwyr a weithiai yn eu mysg; rhoddent flas ar fywyd yn eu cylch, ac achubent yr awyrgylch rhag iddo ymlenwi â difrifwch Methodistaidd gwŷr y seiat. Yr oedd amrywiaeth mawr yn eu nodweddion a'u neilltuolion, ond yr oedd un nodwedd a berthynai'n lled gyffredinol iddynt — yr oeddynt yn bur fodlon ar y byd fel yr oedd, heb ddeisyfu am unrhyw gynnydd na dyheu am unrhyw ddatblygiad. Gan nad oedd iddynt ddyfnder argyhoeddiad yr oeddynt mewn llawer o bethau'n decach eu barn na gwŷr y seiat, ac nid yw'n anodd profi hynny.

Yn rhyfedd iawn yr oedd gwŷr y byd yn meddu ar gryn edmygedd o'r crefyddwyr — mwy nag a ddangosent yn aml — ac yr oedd ganddynt hefyd fedr neilltuol i gymharu ymddygiadau pobl â'u proffes, a lle byddai proffes ac ymddygiad mewn tafol lled wastad ni byddai dynion y byd yn brin eu parch i'r cyfryw. Mwy na hynny teimlai gwŷr y trydydd dosbarth ryw atyniad rhyfedd at wŷr crefydd, ac i gapelau'r ddisgyblaeth lymaf yr aent yn gyffredin i wrando, ac yno yr anfonent eu plant. Gan nad oeddynt yn "proffesu" yr oeddynt yn rhydd oddi wrth bob disgyblaeth, a chaffent ryw hyfrydwch o gofio hynny.

Ond nid oedd gwŷr y seiat mor deg tuag atynt hwy. Onid oedd dyn yn "proffesu" yr oedd yng ngolwg y crefyddwyr yn ddyn heb obaith ganddo, y tu allan i wladwriaeth Israel, ac yn wrthrych dirmyg yn hytrach na thosturi; pa ragoriaethau cynhenid bynnag a allai fod yn ei natur nid oeddynt yn werth unrhyw edmygedd na mawrhad.

Y mae'n hawdd i ni faddau i'r crefyddwyr am eu hunan-gyfiawnder; i ddyn oedd yn myfyrio ar etholedigaeth, oferedd yn wir ydoedd pob sôn am ragoriaeth daeargi neu filgi; i ddyn oedd yn ymboeni i geisio deall y ddau gyfamod, gwagedd di-obaith ydoedd pob trafod am hynodion ffair ac ymladdfa, ac i ddyn a betrusai ynghylch ei gyflwr personol, diflastod ydoedd pob cellwair a digrifwch. Eithr y mae'n ddyled arnom gofio bod y crefyddwr wedi ei anfarwoli i raddau — onid yw ei enw a'i waith wedi eu cadw yng nghroniclau ei eglwys a'i enwad? Eithr am wŷr y trydydd dosbarth nid oes gofio amdanynt ond ar dafod gwlad, ac y mae'r cofio hwnnw'n prinhau o flwyddyn i flwyddyn. Colled i hanesiaeth ein bröydd ydoedd methu gan wŷr y trydydd dosbarth gaffael cofianwyr tebyg i'r rhai a gafodd gwŷr y seiadau. O ddarllen yr hanesion lleol a sgrifenwyd cyn dechrau'r ganrif bresennol gwelir mor ddiystyr a fu'r cofianwyr o hynodion a helyntion y cymeriadau hynny oedd heb fod yn "proffesu", ac o ddiffyg cofiannu prydlon nid yw'r 'setting' a feddwn yn ein hystorïau a'n dramâu'n deg nac yn gymwys yn achos y 'blaenor' na'r gŵr ysgafala.

Yr ydys bellach wedi bras ddosbarthu'r dynion a weithiai yn y Cilgwyn bedair neu bum oes yn ôl. Gedwch i ni droi'n ôl i weled beth oedd y pŵerau crefyddol a weithiai yn y fro yn y dyddiau hynny. Hyd at 1830, y seiadau a'r Ysgol Sul oedd y ddau allu crefyddol cryfaf, a Methodistiaeth a fanteisiodd fwyaf ar hynny. Aethai hanner canrif heibio oddi ar pan ddechreuodd y Diwygiad gerdded yn rymus trwy'r fro, ac at ddiwedd y cyfnod yr oedd llawer o'r gwres cyntaf wedi cilio.

Mwy na hynny, yr oedd agwedd ddiwydiannol y fro wedi newid yn ystod y cyfnod, fel y gwelsom yn barod, a newidiodd syniadau'r bobl yn yr un modd. Ar y cyntaf, yr oedd y bobl dan ddylanwad yr hen syniadau, a pharheid i ystyried y ffordd bost fel y peth pwysicaf mewn trafnidiaeth wledig. Ar fin y ffordd bost y cyfodwyd y capeli cyntaf — yn Llanllyfni (y Bedyddwyr, yr Annibynwyr a'r Methodistiaid), Bryn'rodyn, Bontnewydd, etc. — ac yr oedd mwy nag un fantais o hynny. Gan fod gweinidogaeth y Methodistiaid yn fwy teithiol o ran ei natur nag eiddo'r un enwad arall, yr oedd cryn hwylustod mewn caffael capel mewn mannau hygyrch fel y rhai a enwyd, a chyrchid o'r llethrau i'r capelau hyn.

Eithr ar ôl 1820 gwelwn ôl syniadau newydd. Yr oedd gwŷr y llethrau'n dyfod yn ymwybodol o'u nerth ac o'u hawl i gael eu hystyried fel rhanbarthau annibynnol mewn trafodion crefyddol, a rhwng 1820 ac 1830 codwyd dau gapel Methodistaidd ar y comin, hynny yw, ar y mynydd, y naill yn Rhostryfan a'r llall ar ochr mynydd y Cilgwyn (Carmel), a thrydydd capel encyd oddi ar y briffordd yn Nhal-y-sarn.

Yr oedd cysylltiad uniongyrchol rhwng cyfodi y capeli hyn a chwarel y Cilgwyn, yn ogystal â chwareli eraill oedd yn dechrau datblygu yn y cylch. Am yr achosion Annibynnol yn y fro, dywedwyd yn barod mai o hadau y cyfododd y cyntaf o'r rhai hyn ac nid trwy ymganghennu fel y gwnaeth yr eglwysi Methodistaidd. Yr oedd achos Annibynnol yn Nhal-y-sarn cyn codi capel Annibynnol yn ymyl y ffordd bost yn Llanllyfni, ac ynddengys bod cyfodiad capel Soar ym Mhen-y-groes yn dilyn rheol hollol i'r gwrthwyneb i'r rheol Fethodistaidd — cangen o Seion, Tal-y-sarn, ydyw Soar; enghraifft o'r hen lynu wrth y briffordd fel man pwysig.

Y mae cryn swm o hanes Eglwysi Annibynnol Cylch Caernarfon wedi ei sgrifennu'n ddiweddar ar gyfer cyfarfyddiad yr Undeb yn y dre yn 1930. Yn y Llawlyfr darllenwn am Dal-y-sarn fel hyn:

Priodolir cychwyniad yr Achos Annibynnol yn Nyffryn Nantlle i dduwioldeb a sêl grefyddol un o'r enw Michael Owen, a oedd yn aelod o Eglwys Salem, Pwllheli, ac a ddaeth i weithio i Gloddfa'r Coed oddeutu'r flwyddyn 1790 . . . Pregethid yn yn awyr agored hyd nes i'r bobl ddyfod i feddiant o ffatri wlân a oedd yn y gymydogaeth. Pan benderfynodd perchnogion y ffatri roi heibio'r bwriad o'i gweithio, fe gynigiasant yr adeilad i grefyddwyr yr ardal ar brydles, ac ar delerau rhesymol. Derbyniwyd y cynigiad gan yr Annibynwyr yn llawen, a sicrhawyd y Drwydded ofynnol i addoli ynddo o Lys vr Esgob ym Mangor, dyddiedig y 9fed o Dachwedd, 1801.

Dengys y rhan gyntaf o'r dyfyniad mai trwy hadu ac nid trwy ymganghennu y cychwynnodd yr achos Annibynnol yn Nhal-y-sarn, ac y mae cysylltiad yr achos â Michael Owen o Bwllheli yn rhoi hawl i Eglwys Seion ei chysylltu ei hun ag Annibyniaeth yr ail ganrif ar bymtheg.

Cyrchai rhai o chwarelwyr y Cilgwyn o'r llethrau i Gapel y Ffatri yn Nhal-y-sarn, ond yn 1820 mynnwyd cael capel i'r rhai hyn ar y llethrau, ac yn y Llawlyfr a grybwyllwyd darllenwn,

Dechreuwyd adeiladu'r capel (Pisga) yn 1820, ac wedi ei orffen, fe'i hagorwyd ar y 22ain o Hydref, 1821.

A thrachefn:

Ymddengys mai planhigyn o Bisga yw eglwys Hermon, Moeltryfan . . . Codasant gapel bychan ar y comins yn y flwyddyn 1837-38, mewn lle a elwir heddiw "Hen Gapel Moeltryfan".

Yr hyn sydd i'w gofio ynglŷn â'r achosion diwethaf hyn ydyw mai chwarelwyr ydoedd eu sylfaenwyr, a bod y mwyafrif mawr ohonynt yn weithwyr yn chwarel y Cilgwyn.

Araf iawn a fu cynnydd Annibyniaeth yn y cylch yn gyffredinol, ac efallai mai un rheswm am hynny ydyw mai Methodistiaid oedd y to cyntaf o chwarelwyr. Erbyn 1830 yr oedd materion gwladol a gwleidyddol yn mynnu sylw'r wlad, a chan na fynnai Methodistiaid drafod llawer o'r materion hynny, trwy'r eglwysi Annibynnol a Bedyddiol yn unig y gallai'r werin wneuthur ei barn yn glywadwy.

Ceir enghraifft o hyn ynglŷn â dileu Deddfau'r Praw-lwon a Rhyddhad y Pabyddion yn 1827 ac 1828. Nid oedd y materion hyn yn perthyn yn uniongyrchol i grefydd, ac am hynny ni chaniateid i Fethodistiaid eu trafod. John Elias o Fôn oedd yr awdurdod ar y pryd, a dysgai ef fod y werin yn barod yn meddu ar gymaint o ryddid ag a weddai i bobl dlawd a chyffredin, ac ni feiddiodd yr un eglwys Fethodistaidd gyfan anfon deiseb i'r Senedd ymhlaid dileu'r Praw-lwon na rhyddhau'r Pabyddion. Eithr gwelir enw Pisga, Seion (Tal-y-sarn) a Nazareth (Llanllyfni) ymhlith yr eglwysi hynny a ddeisebai'r Senedd ynglŷn ag estyn rhyddid i Anghydffurfwyr Protestannaidd a Phabyddol.

Pan ddaeth ychwaneg o drafod ar faterion gwleidyddol ymhlith y werin nid oes amheuaeth na fanteisiodd yr eglwysi a fwynhâi ryddid unigol ar y tueddiadau newyddion a ddaeth i'r amlwg ym mywyd y wlad o 1830 ymlaen. Efallai fod Methodistiaeth erbyn hynny wedi cyflawni ei neges ac wedi peidio â bod yn 'driving power' megis cynt. Yr oedd cyfnod y gwleidyddwyr-bregethwyr, Hiraethog, Ieuan Gwynedd, S.R., etc., ar gychwyn, a gwleidyddiaeth, addysg, llên a phethau cyffelyb yn ennill sylw'r bobl, a'r gorwelion yn ehangu. Nid chwarel y Cilgwyn yn unig, erbyn hyn, a roi gyfle i'r werin drafod eu materion, eithr parhaodd y Cilgwyn a chwareli eraill i ddylanwadu ymhlaid pob symudiad newydd, ac yn enwedig ymhlaid addysg, fel y praw'r ffaith i gynifer o Fyrddau Ysgolion gyfodi yn y cylch. Am resymau neilltuol ni theimlai ffermwyr y gwaelodion yn eiddgar dros Fwrdd Ysgol, a goruchafiaeth y chwarelwyr ydoedd sicrhau Bwrdd Ysgol. Y mae'n bryd sgrifennu hanes brwydrau 1870-73 — y mae'r gornestwyr wedi myned bron yn gyfan gwbl erbyn hyn.

Nid ydym wedi cyfeirio at eglwysi'r Bedyddwyr yn y cylch, oddieithr yn eu perthynas â'r Annibynwyr. Yr oedd eglwys Fedyddiol yn Llanllyfni cyn diwedd y ddeunawfed ganrif, ond ni chafodd yr un fantais ag a gafodd yr enwadau eraill ar gynnydd poblogaeth y fro. Awgryma haneswyr yr enwad Bedyddiol mai anffodion mewnol yn yr enwad ei hun ydoedd achos y llestair a fu ar ei gynnydd. Pan gofiwn mai un eglwys Fedyddiol yn unig a geid yn y cylch sy gennym dan sylw yn y flwyddyn 1830 gwelwn fod rhyw achos lled ddwfn i'r diffyg twf.

Pan adfywiodd Bedyddiaeth yn y fro ac ymganghennu hyd at y Groeslon a Phisga yr oedd wedi cyrraedd yn rhy ddiweddar i ddylanwadu nemor ar grefydd na gwleidyddiaeth y bobl. Rhoes i ni'n wir Jane Roberts (Sian Fwyn), yr emynyddes, a Robert Jones, y pregethwr hyglod — byddai ein gwlad yn gyfoethocach pe caffai roddion cyffelyb o rywle eto.

Am y ddau enwad cryfaf yn y fro gallwn ddywedyd ein bod yn ddyledus iddynt am ddau gyfraniad yn arbennig. Y Methodistiaid, yn bennaf, a ddug yr Ysgol Sul i ni, a'r Annibynwyr a ddangosodd y ffordd i ni i ryddid gwladol a chymdeithasol. Y mae addysg a rhyddid yn ddwy ragorfraint y dylem eu mawrygu, a diolch i'n tadau amdanynt. Dylem ofyn hefyd a ydyw ein cyfraniad ni i ddiwylliant ein hoes yn debyg o ddwyn cymaint cynnydd yn ein gwlad ag a ddaeth trwy ymdrechion y chwarelwyr llafurus hynny a weithiai yn y Cilgwyn a mannau cyffelyb chwe ugain mlynedd yn ôl.

Y mae toreth mawr o bapurau perthynol i chwarel y Cilgwyn yng Ngholeg y Brifysgol ym Mangor, ac yr wyf yn ddyledus i'r Llyfrgellwyr yno am bob rhwyddineb i ymgydnabyddu â rhai o'r papurau.

PENODAU YN
HANES ARDAL

Ω

HYD Y FLWYDDYN 1800 ni chodasai nemor un o'r pentrefi poblog sydd i'w cael yn awr ar lechweddau Arfon, ac ar wahân i'r trefi ni cheffid cynulliad o dai yn unman ond oddeutu'r eglwysi plwy megis yng Nghlynnog a Llandwrog neu lle croesai'r ffyrdd rai o'r afonydd megis yn Llanllyfni, y Dolydd a'r Bontnewydd. Yn y lleoedd hynny ceid tafarn, gweithdy'r saer a gefail y gof — mannau y byddai cyrchu iddynt a thrafod llawer pwnc ynddynt, a mannau oedd yn naturiol yn ganolfannau cymdeithasol i'r ffermydd oedd ar wasgar o'u deutu. Yr oedd i'r lleoedd hyn atyniad beunyddiol, a digwyddiadau anamlach ydoedd tynnu ymhellach i leoedd eraill lle cynhelid ffeiriau a gwylmabsantau. Yr oedd yn ddigon hawdd cael gwahanol syniadau a barnau ymhlith y cynulliadau a ddeuai i dafarn y llan ac i efail y gof — fe ddigwydd hynny ymhobman lle cyferfydd dynion; ond yn y ddeunawfed ganrif oddieithr tua'r diwedd yr oedd unfrydedd barn a syniadau yn gyffredin iawn ar rai pynciau, megis y drefn eglwysig, y drefn wladol, uchafiaeth y mawrion a'r ysgweiriaid, ymostyngiad i'r awdurdodau goruchel; a gwaith peryglus ydoedd i neb alw am newid ar y drefn yn y pethau hynny. Ar yr un pryd dylid cofio bod dylanwadau neilltuol yn gweithio'n araf i beri newid; cyfundrefn yr ysgweiriaid yn dirywio oherwydd achosion economaidd, y drefn eglwysig yn siglo dan ddylanwad y Diwygiad crefyddol, a'r neilltuedd pentrefol yn cilio o flaen cynnydd trafnidiaeth â rhannau eraill o'r wlad. Eithr nid gwaith hawdd ydyw newid hen drefnau oesol, a daw amseroedd cynhyrfus pan dery'r newydd yn erbyn yr hen.

Yn y rhannau hyn o Arfon aethai tri chwarter y ddeunawfed ganrif heibio cyn i ddim o ddylanwadau'r syniadau newydd daro arnynt; yn wir, daeth y ganrif honno i'w therfyn cyn i effeithiau'r pŵerau newydd ddwyn unrhyw newid gweledig ar fywyd y bröydd. Ond yr oedd y lefain yn gweithio, a hynny ers tro. Y peth anoddaf ei newid ydoedd y drefn eglwysig, oherwydd bod unrhyw newid ar y drefn honno'n taro ar hen argyhoeddiad crefyddol y bobl, a thuag at ledaenu'r Diwygiad crefyddol yr oedd yn rhaid i'r diwygwyr gadw'n lled glir â'r llannau a'r mân bentrefydd. Astudier teithiau Howel Harris a gwelir ei fod yn osgoi'r lleoedd mwyaf poblog ac yn cyfarfod ei wrandawyr yn y parthau gwledig, allan o gyrraedd awdurdod ysgweier ac offeiriad. Daw hyn â ni at amgylchiad a ddwg ardal Rhostryfan i'n sylw. Cynrychiolai'r enw y rhan o'r plwy a safai y tu uchaf i'r tir caeëdig, sef y ffermydd, ac ar y pryd nid oedd y rhos onid comin lle caffai'r ffermwyr eu tanwydd. Ar hyd ffin isaf y rhos yr oedd nifer o fythynnod lle trigai'r gwehyddion a'r teilwriaid ynghyd ag ambell lafurwr a weithiai ar y ffermydd cyfagos, ac i'r bobl hyn, fel ag i weddill o bobl y plwy, y llan a thafarnau'r ffordd fawr oedd y canolfannau cymdeithasol.

Daeth y Diwygwyr i ardal gyfagos, sef y Dolydd Byrion, ar derfyn plwy Llandwrog a phlwy Llanwnda. Yr oedd mwy nag un dafarn yn y lle, a gwasanaethai un ohonynt fel hostel ar gyfer teithwyr ac ymwelwyr. Yno, gan hynny, y penderfynodd y Methodistiaid gynnal eu Cyfarfod Misol cyntaf yn y fro. Nid oeddynt yn hollol ddieithr i'r fro, a chawn eu bod yn gynefin â phregethu ar ben Dinas Dinlle, y naill du i eglwys Llandwrog; ond yr oedd yn arfer gan y werin eu cysylltu â'r Pengryniaid a fu mor amlwg yn y ganrif cyn hynny, ac nid oedd croeso iddynt mewn lleoedd fel Llandwrog a Llanwnda lle'r ymlynai'r bobl wrth bob hen drefn. Lled arw a fu'r derbyniad a gafodd gwŷr y Cyfarfod Misol yn y Dolydd Byrion, a barnwyd mai doethach ydoedd symud oddi yno i rywle tawelach a mwy diarffordd. Y lle addasaf y gellid meddwl amdano ydoedd y comin yn Rhostryfan, a thuag yno dan bwys erlid a chynnwrf y cyrchodd gwŷr mwyn y Cyfarfod Misol. Efallai fod gormodiaith yn y disgrifiad a geir yn *Nrych yr Amseroedd* o'r amgylchiad, ond efallai nad yw'n rhaid i ni wrthod yr hanes am waith gŵr y Tryfan Bach yn gollwng tarw rhuthrog i gythryblu'r cynulliad oedd ar y comin gerllaw. Cofier hyn — dieithriaid ydoedd arweinwyr y cynulliad, ac nid oes sôn fod neb o drigolion yr ardal hyd hynny wedi dyfod dan ddylanwad y Digwygiad. Nid dieithriaid yn unig ydoedd yr ymwelwyr — i'r rhan fwyaf o'r bobl Pengryniaid oeddynt, ac ni wyddai gŵr fel Sion Llwyd y Tryfan Bach yn amgenach. Bid a fo am hynny, bu'r amgylchiad yn foddion i roi enw a chymeriad i ardal Rhostryfan, neu a defnyddio ymadrodd a fenthyciwyd gan y Saeson bu'r helynt yn foddion i osod Rhostryfan ar y map. Cyn hynny, ni olygai Rhostryfan, yng nghofnod plwyf a gwlad, ddim ychwaneg na rhanbarth a safai y tu allan i derfynau adnabyddus y ffermydd a'r gwastatir. Ynghanol y ddeunawfed ganrif golygai'r enw Rhostryfan i bobl tre Caernarfon ryw ardal fynyddig a breswylid gan wŷr ymrysongar ac ymladdgar a ddeuai i ffeiriau'r dref i godi cynnwrf ac i gyfrannu at anhrefn ac anllywodraeth y ffeiriau. Erbyn hynny yr oedd chwarel y Cilgwyn wedi ei hagor o ddifrif a nifer o dyddynwyr a bythynwyr Rhostryfan a Rhosnennan yn gweithio yno, ac y mae'n debyg mai'r gwŷr hynny a barodd i drigolion Caernarfon restru pobl anystywallt y wlad oddi amgylch dan yr enw chwarelwyr Rhostryfan. Nid oedd hyn yn gyfangwbl er anghlod i'r ardal, ond gellir amgyffred beth oedd anawsterau'r Diwygwyr crefyddol pan feiddiasant sengi ar fro yr oedd arswyd ei phreswylwyr yn pwyso'n lled drwm ar feddwl y dref agosaf.

Os bu'r Diwygwyr cyntaf yn lled ddi-barch yn y fro, nid aeth llawer o amser heibio cyn i grefydd newydd y Diwygwyr ennill goruchafiaeth ar feddwl pobl Rhostryfan a'u troi'n lled lwyr oddi wrth yr hen drefn eglwysig i wneuthur ohonynt Ymneilltuwyr cadarn a diymod. Fel y gwnelai'r gwaith newydd y trigolion yn annibynnol i raddau helaeth ar y ffermydd a gynhaliasai eu tadau, felly hefyd y gwnaeth eu hymdrechion crefyddol hwy'n annibynnol ar yr hen drefn eglwysig. Elfen arall yn yr annibyniaeth newydd ydoedd y cau a fu ar y comin i ffurfio cartrefi newydd i'r chwarelwyr. Yr oedd yn rhaid wrth dueddiad meddwl lled feiddgar i benderfynu sefydlu cartrefi newyddion trwy gau allan ddarnau o'r comin — efallai mai'r un beiddgarwch ydoedd â hwnnw a yrrodd chwarelwyr y Cilgwyn a Rhostryfan yn dyrfa enbyd i ymosod ar storfeydd ŷd tre Caernarfon yn amser y ddrudaniaeth fawr a ddaeth ar y wlad yng nghanol y ddeunawfed ganrif.

Yn yr holl amgylchiadau hyn gwelwn ardal yng ngwewyr ei geni ac yn araf yn tyfu'n gorff gweledig. Cyn hir cawn ei bod wedi magu ymdeimlad o hunaniaeth bersonol, ac yn dyfod yn rhan o'r gyfundrefn newydd a gyfodasai yn y wlad.

Nid cofnod o'r man y pregethwyd gyntaf gan y Methodistiaid Calfinaidd yn yr ardal, a hynny'n unig, ydyw'r garreg a osodwyd gerllaw Bryn Tirion[1] — y mae'n garreg filltir ar y ffordd y cerddodd yr ardal ar hyd-ddi o fod yn gomin diarffordd a garw i fod yn bentref poblog a bywiog, yn llawn o nodau'r bedwaredd ganrif ar bymtheg, ac yn lled amddifad o olion y bywyd a ffynnai yn y plwy yn y ddeunawfed ganrif a chyn hynny.

[1] Dyma'r ysgrif sydd ar y garreg gerllaw Bryn Tirion: 'Ar garreg a safai yma gynt y pregethwyd gyntaf gan y Methodistiaid Calfinaidd yn yr ardal hon, 1775.'

YN NYDDIAU'R PEN BLAENOR

Ω

HELYNT Y CLAWDD DRAIN

WEDI ADEILADU'R capel cyntaf yn Rhostryfan pwrcaswyd tua chwarter acer o dir i fod yn ardd berthynol i'r tŷ capel. Yn 1847 penderfynwyd neilltuo'r rhan isaf o'r tir hwn i fod yn gladdfa berthynol i'r capel. Yr oedd y teimlad Ymneilltuol mor gryf yn yn ardal fel na fynnai'r rhan fwyaf o'r teuluoedd ddewis beddrodau ym mynwent y plwyf yn Llanwnda. Pan fu farw Ann William, priod William Edward Cae'mryson, yn 1847 torrwyd bedd iddi yn y fynwent newydd. Ymhen yr wythnos agorwyd bedd yno i Willam Dafydd Cae'rodyn. Rhoes hyn le annwyl i lawer o deuluoedd yn yr ardal.

Cedwid y rhan uchaf o'r tir yn ardd ar gyfer y tŷ capel, ond yn 1854 bu farw gŵr y tŷ, ac ni allai ei weddw mwyach ofalu am yr ardd, a gadawyd i'r gwelltglas dyfu ynddi.

Ychydig flynyddoedd cyn hynny yr oedd John Huws, mab Sion Huws Bryn Ffynnon, wedi cymryd y siop a gedwid yn y Fron Deg, ac yn llwyddo yn ei fusnes ac yn galw am fwy o borthiant i'r ceffyl a ddefnyddiai i gludo nwyddau o Gaernarfon. Gan fod porthiant i'w gael yng ngardd y tŷ capel cytunodd gwraig y tŷ capel i'w gosod i John Huws.

Ar un ochr terfynai'r ardd â Chefn Capel lle trigai gŵr a'i enw Gruffydd Huws. Ar y clawdd terfyn tyfai rhes o ddrain. Gan y tybiai John Huws fod cysgod y drain yn anfantais i wair dyfu gofynnodd am ganiatâd gwraig y tŷ capel i'w torri, a'u torri a fu. Ond yr oeddys wedi anghofio am Gruffydd Huws. Yn rhyfedd iawn byddai Gruffydd yn dra aml dan gondemniad y seiat ar gyfrif ei ddiffyg dirwest, ond dychwelai i'r seiat cyn hir drachefn hyd oni cheid cŵyn newydd yn ei erbyn. Fel y digwyddai yn 1855, adeg torri'r clawdd drain, yr oedd Gruffydd Huws yn 'y byd', ac yn teimlo'n ddigofus at bobl y seiat. Cafodd achos cweryl yn y clawdd drain — mynnai mai'r eiddo ef oedd y drain a bod John Huws wedi troseddu yn erbyn cyfraith gwlad. Mewn achosion o anghydfod yr oedd rheolau'r Corff yn galw am i bob achos gael ei drin gan yr eglwys. Credai rhai o aelodau'r seiat mai ar du Guto Huws y safai cyfiawnder a mynnent geryddu John Huws. Tybiai eraill — y mwyafrif gyda llaw — fod John Huws wedi ymddwyn yn ddigon rheolaidd gan iddo gael caniatâd gwraig y tŷ capel i dorri'r drain. Peth arall, yr oedd John Huws yn ddyn parchus, ond nid felly Guto Huws ar y pryd. Bu dadlau brwd ar y mater yn y seiat. Y pen blaenor yn y blynyddoedd hynny oedd Gruffydd Ifan, Hafoty Wern Las — gŵr chwyrn, awdurdodol a phenderfynol; yn wir, ystyrid ef fel teyrn yng Nghyfarfod Misol sir Gaernarfon. Yn naturiol, yn y seiat pleidiai Gruffydd Ifan Sion Huws, a mynnodd gael dedfryd yn ei ffafr, ond yn sydyn cododd gŵr yn y llawr i brotestio mai Guto Huws oedd yn iawn. Synnwyd pawb gan y brotest, a bu distawrwydd am ennyd. Hwmffre Jones oedd y gwrthdystiwr — teiliwr wrth ei alwedigaeth. Yr oedd ef wedi treulio rhai blynyddoedd ym Manceinion yn dysgu ei grefft, a daeth â rhai o arferion gwŷr ieuainc Manceinion yn ôl gydag ef. Ei brif drosedd yng ngolwg piwritaniaid y seiat ydoedd ei fod yn troi ei wallt a gwisgo Q.P., arwydd amlwg o falchder. Oherwydd hyn yr oedd dan gondemniad cyffredinol. Pwy oedd ef i brotestio?

Cythruddwyd Gruffydd Ifan yn ddirfawr wrth ganfod bod neb yn meiddio'i wrthwynebu ef. Cododd oddi ar ei gadair a dywedyd heb ymgynghori â chig a gwaed, "Hwmffra, yr ydw i yn dy dorri di allan o'r seiat," ac archodd iddo fynd allan. Yr oedd Gruffydd yn ffermwr cryf a chydnerth a Hwmffre yn eiddil ac ysgafn o gorff. Ni fynnai Hwmffre symud o'i le, ond cerddodd y pen blaenor ato, cydiodd ynddo gan ei gludo'n hwylus at y drws a'i fwrw i'r ffordd. Ar ôl hynny troes

Hwmffre ei gefn am byth ar Fethodistiaeth, a chyn hir dechreuodd achos Annibynnol yn ei dŷ ei hun, a bu hyn yn sylfaen codi'r eglwys Annibynnol yn y Tabernacl. Am ddeng mlynedd ar hugain ar ôl hynny ni thywyllodd Hwmffre Jones riniog capel Horeb.

Yn 1885 cynhelid cyfarfod dirwest brwdfrydig yn Horeb, ac yr oeddys wedi cyhoeddi Dr John Thomas Lerpwl i annerch. Yr oedd Hwmffre Jones yn ddirwestwr hynod o selog; felly hefyd y Dr John Thomas. Mwy na hynny yr oedd yn eiddgar gyda'r achos dirwestol ac yn Annibynnwr, ac yn arwr gyda Hwmffre.

Daeth Hwmffre i'r cyfarfod a gofynnwyd am air ganddo. Cofiaf yn dda ei eiriau cyntaf — "Deng mlynedd ar hugain yn ôl mi ddigiais i wrth gapel Horeb, hyd yn oed wrth y calch a'r cerrig, ac ni fûm dan ei do fyth hyd heno, ond y mae gen i fawr ofal am yr achos dirwestol, ac yr wyf wedi mentro yma heno." Yr oedd erbyn hynny yn ben blaenor yn y Tabernacl, ac yn ôl pob tystiolaeth yr oedd yn gymaint teyrn ac mor awdurdodol ag y bu Gruffydd Ifan erioed yn Horeb.

§

Y PEN BLAENOR
O FLAEN EI WELL

YR OEDD Gruffydd Ifan, Hafoty yn ffermwr lled gefnog yn ei ddydd, yn wr o dymer awdurdodol a llym, ac wedi llwyddo i osod ei ofn ar yr eglwys ac ar y Cyfarfod Misol. Arferai ddilyn y Cyfarfodydd Misol yn sir Gaernarfon o'r naill gwr i'r llall, ac adnabyddid ef fel gŵr di-dderbyn-wyneb a hallt ei ymadroddion.

Yn ôl arfer gwŷr cefnog yr oes honno cadwai geffyl cyfrwy i'w gludo yma a thraw. Yn ôl cyfraith y dydd yr oedd treth ar geffylau cyfrwy, a'r dreth i'w thalu'n flynyddol. Un tro anghofiodd Gruffydd Ifan dalu am y drwydded, a dug hynny ef i afael yr awdurdodau gwladol, a chafodd ei hun dan wŷs i ymddangos o flaen ei well. Yr oedd hyn yn gryn dramgwydd i wr oedd mor chwyrn am gadw'r rheolau mewn eglwys a Chyfarfod Misol.

Digwyddai cymdoges i Gruffydd Ifan, sef Catrin William, Wernlas Ddu, fod o flaen yr un llys dan gyhuddiad cyffelyb. Daeth achos Catrin ymlaen gyntaf, a rhoes ar ddeall mai wedi cyfrwyo ceffyl gwedd yr oedd hi i gyrchu meddyg anifeiliaid at un o'r creaduriaid a feddai. Yr oedd yn amlwg nad oedd hi'n cadw ceffyl cyfrwy, ac nad oedd mewn canlyniad yn rhwym i godi trwydded. Cafodd ddedfryd o'i phlaid a thrwy hynny daeth yn rhydd o bob dirwy.

Yn ddilynol daeth achos Gruffydd Ifan ymlaen. Nid oedd amheuaeth nad oedd yn rhwymedig i dalu treth dros ei geffyl cyfrwy. Nid oedd ango'n digwydd bod yn ddadl ddigonol, a rhoed arno'r ddirwy gyfreithiol. Wrth weld y ffermwr cefnog a'r gwr awdurdodol dan ddedfryd ni allai Catrin William lai na gwenu'n foddhaus. Yn anffodus, digwyddodd i Gruffydd Ifan ganfod y wên ysgafn honno ar wyneb Catrin William.

Yr wythnos ddilynol aeth Catrin William i'r seiat yn hollol anghofus o drafodion y llys. Eithr nid felly Gruffydd Ifan. Yn y seiat yr oedd ef ar ei orsedd ei hun. Ar ôl y gwasanaeth dechreuol, rhagorfraint Gruffydd Ifan oedd cael mynd i'r llawr i wrando ar brofiadau crefyddol y saint.

Y nos honno cerddodd ar ei union at Catrin William, a tharanodd uwch ei phen, "Yr ydw i yn dy dorri allan o'r seiat — am dy gelwydd yn y dref ddydd Sadwrn. Dos allan y munud yma." Nid oedd modd apelio yn erbyn y ddedfryd, ac yn ei dychryn aeth Catrin allan mewn cryn boen meddwl. Yr oedd 'torri o'r seiat' yn y dyddiau hynny yn fater o'r pwys mwyaf gan y saint, ac yn beth yr arswydai'r rhan fwyaf rhagddo.

Yr oedd Catrin druan bellach 'yn y byd', ac nid oedd yn rhydd i'w chymdogesau gyfeillachu â hi megis cynt. Nid oedd mwyach i'w rhestru ymhlith y saint, ac yn yr oes honno yr oedd 'esgymundod' yn beth difrifol.

Awyddai Catrin am gael ei hadfer, ond yr oedd angen aros am gyfnod cyn mentro ei chynnig ei hun i'r seiat drachefn. Gofynnid am arwyddion digamsyniol o edifeirwch a thrallod ysbryd. Wedi treulio blwyddyn yn yr oerni penderfynodd Catrin geisio derbyniad i'r seiat. Yr oedd yr awenau yn llaw

Gruffydd Ifan o hyd, a hyderai Catrin y byddai ei dychweliad edifeiriol yn destun llawenydd i'r pen blaenor yn gystal ag i bawb o'r saint. Canfu Gruffydd Ifan fod Catrin yn 'ymgeisydd' y noswaith honno, a chyn dechrau gwrando ar brofiadau neb o'r saint cerddodd ef yn syth at y ddychweledig. Llifai ei dagrau hi — nid o ddefod yn gymaint ag o ofn. Safodd Gruffydd Ifan uwch ei phen, a gofynnodd yn chwyrn iddi, "Beth sydd wedi d'yrru di i'r seiat heno, Cadi?" Trwy ei dagrau dywedodd hithau, "Yr adnod honno — 'Ymchwel, Israel, at yr Arglwydd dy Dduw'." Bu distawrwydd am ennyd ac yna bytheiriodd Gruffydd Ifan, "Sut na orffenni di'r adnod, y feudan — 'canys ti a syrthiaist trwy dy anwiredd.'? 'Does dim fasai yn dy ffitio di'n well."

Eithr er gerwinder y derbyniad adferwyd Catrin William i'r seiat ac i gymdeithas a chymundeb â'r saint. Gallai ei chymdogesau a'i chydnabod gyfeillachu â hi bellach. Yn wir yr oedd cydymdeimlad yr aelodau gyda Chatrin yn ystod y flwyddyn y bu yn yr oerni, oherwydd gwyddent nad oedd hi'n euog o dyngu anudon yn y llys. Y mae'n anodd i ni heddiw ddirnad tra-arglwyddiaeth gŵr fel Gruffydd Ifan, ac efallai y gellir synnu ddarfod i gymdeithas fel eglwys Horeb oddef ei drahauster cyhyd. Nid Gruffydd Ifan oedd yr unig flaenor a dra-awdurdodai yn yr eglwysi yn ei oes a'i amser ef, a gellir synied bod angen gwŷr cryfion ar y pryd i gadw gwarchodaeth ar aelodau a dueddai weithiau i droi'n ôl a thramwyo llwybrau a gerddid ganddynt cyn i grefydd osod ffiniau i'w rhodfeydd.

§

Ceryddu Ar Gam

Hyd y flwyddyn 1875 rhedai'r ffrwd Gwyled yn agored heibio i gapel Horeb heb ddim ond clawdd pridd rhyngddi hi a'r ffordd. Gyferbyn â'r capel yr oedd bwlch yn y clawdd i hwyluso cyrchu dŵr o'r ffrwd. Islaw'r capel yr oedd gweithdy saer lle gweithiai amryw seiri, ac yn y dyddiau hynny yr oedd cryn brysurdeb yn y lle.

Tua 1850 yr oedd ymhlith y seiri brentis nwyfus a'i enw Owen. Mab oedd ef i Huw William, Bryn Bach. Gweithiai Huw William a'i fab arall, Huw, yn chwarel Dinorwig.

Lletyai'r tad a'r mab dros yr wythnos yn Llanberis, ond yn ôl arfer llawer yn yr oes honno dychwelai'r tad a'r mab yn ôl nos Fercher er mwyn mynd i'r seiat yn Horeb. Yr oedd disgyblaeth yr eglwys yn ogystal â gofynion y seiat yn gryf iawn, ac nid oedd colli'r seiat yn beth a âi'n ddi-sylw gan y blaenoriaid.

Nid yn Rhostryfan yn unig y cedwid golwg fanwl ar fynychwyr y seiat. Dywedir i Michael Faraday, y gwyddonydd enwog, dderbyn gwahoddiad i annerch y Gymdeithas Frenhinol ar rai o'i arbrofion mewn trydan. Ystyrid hyn yn gryn anrhydedd ac yn fraint arbennig. Ond ysywaeth, digwyddai'r cyfarfod ar yr un noswaith â'r seiat y perthynai Faraday iddi. Craffwyd ar absenoldeb Faraday o'r seiat y noswaith honno a'r wythnos ganlynol bu dan ddisgyblaeth lem ar gyfrif ei esgeulustra; derbyniodd yntau'r cerydd mewn edifeirwch. Gwelwn yn yr amgylchiad mor dynn ydoedd gafael y seiat ar ei haelodau, a gellir dirnad y cymhelliad a barai i weithwyr gerdded pum neu chwe milltir o'u gwaith er mwyn bod yn bresennol yn y seiat.

Un diwrnod anfonwyd Owen, y prentis saer, i gyrchu dŵr o'r afon i doddi gliw. Cyn troi yn ôl tybiodd y gallai gael tipyn o hwyl trwy weiddi "Penwaig ffres, penwaig ffres". Yna ymguddiodd ym mhant yr afon y tu ôl i'r clawdd pridd. Daeth gwraig y tŷ capel allan gyda phlât yn ei llaw i ymofyn y pysgod, ond nid oedd yr un gwerthwr penwaig yn y golwg. I fwynhau siom y wraig digwyddodd Owen godi ei ben, ond yn anffodus canfu'r wraig ef, megis y gwelodd Marged Tŷ'r Capel dop gwallt hogyn Hugh Bryan yn llofft capel Abel Hughes.

Nid oedd trosedd Owen i fynd yn ddi-sylw. Yr wythnos ddilynol, yn ôl ei arfer daeth Gruffydd Ifan Hafoty i'r tŷ capel cyn mynd i'r seiat, a chafodd gan y wraig hanes mab Huw'r Bryn yn gwneud ffŵl ohoni rai dyddiau ynghynt. Yr oedd Gruffydd Ifan wrth ei fodd — yr oedd achos o gerydd i fod, a châi yntau gyfle i ddefnyddio llymder ei ymadroddion uwchben y troseddwr.

Y noswaith honno nid oedd Owen yn bresennol yn y seiat, ond yr ocdd ei dad a'i frawd wedi cyrraedd yno o'r gwaith. Wedi gorffen y defosiwn arferol cododd Gruffydd Ifan ar ei draed, a tharanodd, "Hogyn Huw'r Bryn, tyrd i lawr ar y fainc yma." Yn union o flaen y sêt fawr yr oedd ystôl benyd, ac ar honno gorfodid pob troseddwr i eistedd. Ni feiddiai Huw anufuddhau, ond nid oedd ganddo un syniad am drosedd y gallai fod yn euog ohono.

Dechreuodd Gruffydd Ifan ar y condemniad.

"Rwy' i'n deall dy fod di yn euog o wneud ffŵl o un o wragedd parchus y pentre 'ma, ac wedi ymddwyn mewn dull anaddas, ac wedi rhoi anfri ar yr enw sydd arnat fel aelod o'r seiat. Yr wyt yn haeddu cerydd llym, os nad rhywbeth gwaeth. Heno 'd awn i ddim pellach na hyn, ond yr wy'n dy rybuddio i fod yn fwy gwyliadwrus o hyn ymlaen."

Ni wyddai Huw druan ddim am helynt y "Penwaig ffres", ond yr oedd yn crynu tipyn wrth wrando ar y cerydd. Y mae'n deg dywedyd hefyd na wyddai Gruffydd Ifan ei fod yn taranu uwchben llanc dieuog. "Hogyn Huw'r Bryn" oedd y disgrifiad a gawsai o'r troseddwr, ac y mae'n debyg nad oedd yn digon cyfarwydd â'r brodyr i wybod y gwahaniaeth rhwng Owen y saer a Huw'r chwarelwr.

Y mae'n rhaid cofio hefyd fod y llanc a geryddid wedi teimlo'n ddwys oherwydd iddo'r noswaith honno gael ei ddilorni yng ngŵydd y saint. Y tebyg oedd y byddai iddo fod yn anghymeradwy yng ngolwg ei gyd-aelodau. Yn wir, ni wyddai neb ond Gruffydd Ifan a gwraig y tŷ beth oedd natur y trosedd, ac efallai na feiddiai neb ymholi yn ei gylch.

Fel y bu gwaetha'r modd, ni bu'r cerydd yn effeithiol yn achos Huw. Digiodd yn aruthr, ac ni fynychodd y seiat ar ôl y cerydd. Yn wir, yr oedd Gruffydd Ifan yn ei fedd ers ugain mlynedd, a Huw'r Bryn yn ŵr canol oed cyn iddo ei gynnig ei hun i'r seiat drachefn. Ond nid seiat Rhostryfan mo honno. Yr oedd eglwys wedi ei sefydlu yn Rhosgadfan erbyn hynny, ac yr oedd agosrwydd y Bryn Bach at y capel newydd yn ddigon o reswm dros i Huw William fwrw ei goelbren dros weddill ei oes yn yr eglwys yno.

Yn ei hen ddyddiau adroddai hanes ei gerydd gyda llawer o hwyl, ac yr oedd pob dicter o'r herwydd wedi llwyr gilio.

"ANGAU YN Y CROCHAN"

Ω

YNG NGHOFIANT y Parch. Robert Ellis Ysgoldy (1808-1881) ceir y dyfyniad a ganlyn allan o'i ddyddlyfrau ef:

> 1874. Rhagfyr 7. Cyfarfod Misol Rhostryfan. O holl Gyfarfodydd Misol y flwyddyn, hwn oedd y mwyaf llirynaidd, yr hin yn wlybyrog ac yn oer iawn. Pawb yn rhynu a'r lle yn amlwg, ac yn ben ar y cwbl yr oedd 'angau yn y crochan'.

I ddeall ystyr y frawddeg olaf y mae'n rhaid troi i'r Beibl; yn II Brenhinoedd iv 39 ceir yr adnod hon:

> Ac un a aeth allan i'r maes i gasglu bresych, ac a gafodd winwydden wyllt, ac a gasglodd o honi fresych gwylltion lonaid ei wisg, ac a ddaeth ac a'u briwodd yn y crochan cawl; canys nid adwaenent hwynt.
>
> Yna y tywalltasant i'r gwŷr i'w bwyta. A phan fwytasant o'r cawl hwy a waeddasant, ac a ddywedasant, O! wr Duw, y mae angau yn y crochan; ac ni allent ei fwyta.

Yr awgrym yma ydyw fod y llysiau gwylltion wedi cynhyrfu'r bwytawyr yn fewnol. Y mae sicrwydd i ginio'r Cyfarfod Misol yn Rhostryfan effeithio'n gyffelyb ar gyrff y cyfranogion.

Perthyn peth hanes i'r crochan yn Rhostryfan, a gellir bellach ddweud rhywbeth amdano. Fel yn y dyddiau hyn gofelid am luniaeth i gynulliad y Cyfarfod Misol gan nifer o chwiorydd blaenllaw yn yr eglwys. Tuag at hwyluso gwaith y merched gyda'r bwyd rhoesai Mrs Sampson Roberts, Bodaden fenthyg padell bres enfawr i ferwi'r cig ynddi. Dylid cofio bod teulu Bodaden yn yr oes honno'n garedig

iawn wrth yr achos yn Rhostryfan. Yr oedd Sampson
Roberts yn un o feibion y Castell, Llanddeiniolen; bu ef farw
yn 1871 ond parhai ei weddw i noddi eglwys Horeb. Dydd
Gwener cyn y Cyfarfod Misol yn 1874 yr oedd y merched
wedi defnyddio'r badell bres, ac yn groes i gyngor rhai
ohonynt gadawyd y cig yn y badell dros y Sul. Y mae'n debyg
fod y metel yn y cyfamser wedi effeithio ar ansawdd y cig i
gryn raddau. Tua diwedd y prynhawn ar ddydd y Cyfarfod
Misol dechreuodd y cinio effeithio ar goluddion y sawl a
gyfranogodd ohono gan droi'n glwy rhydd ar lawer o'r
pregethwyr a'r blaenoriaid. Yr oedd Robert Ellis wedi ei
wahodd i bregethu yn oedfa'r hwyr, ond wedi darllen
pennod yn y gwasanaeth dechreuol canfu bod yn rhaid arno
fynd allan. Dewisodd emyn pedwar pennill 8.7 D. ac wedi
ledio'r llinell gyntaf dywedodd wrth y gynulleidfa, "Cenwch
ef ar ei hyd". Gallodd yntau ddychwelyd i'r pulpud pan oedd
y canu ar orffen. Gwelir felly pam y croniclodd ef fod 'angau
yn y crochan'. Dywedir ei fod yn lletya dros nos ym
Modgarad, ac y bu rhaid arno godi llawer gwaith cyn y bore.

Ond beth am y crochan ei hun — y badell bres? Gan fod
hynodrwydd yn perthyn iddi yn ddilynol i'r Cyfarfod Misol
penderfynodd Mrs Sampson Roberts ei gadael yn anrheg i
eglwys Horeb, ond nid oedd i'r badell lawer o barch erbyn
hynny. Cyn hir daeth galw am lampau newydd yng nghapel
Horeb a chytunwyd â masnachwr o Gaernarfon i gyfnewid y
badell am set o lampau.

Yn ddilynol daeth y badell yn eiddo i un o wŷr cefnog tref
Gaernarfon. Pan fu farw'r gŵr hwnnw yn 1911 gwnaed
arwerthiant ar ei eiddo, a phrynwyd y badell bres gan
farchog a drigai y pryd hynny ryw ddwy filltir allan o'r dref.
Credir bod y badell ym meddiant gweddw'r marchog o hyd.

I sôn ymhellach am Mrs Sampson Roberts, gellir dywedyd
mai hi oedd y gyntaf i'w chladdu ym mynwent y plwyf yn
Llanwnda dan y 'drefn newydd'. Yr oedd y Ddeddf a
ganiatâi i Ymneilltuwyr gladdu eu meirw yn ôl eu defod eu
hunain newydd fynd trwy'r Senedd. Cymaint oedd sêl
ymneilltuol teulu Bodaden fel y trefnwyd i gladdu Mrs
Sampson Roberts dan y Drefn Newydd. Ffromodd ficer
Llanwnda ar y pryd yn aruthr, oherwydd gwyddai'n bur dda

y byddai i eraill o blwyfolion Llanwnda weithredu rhagllaw yn ôl esiampl teulu Bodaden. Manteisiwyd ar y drefn newydd gan amryw deuluoedd yn ddilynol, ond mynnai rhai teuluoedd yr oedd claddfa eu hynafiaid ym mynwent y plwyf gadw at yr 'hen drefn', er nad oedd hynny'n gymeradwy gan lawer o'r Ymneilltuwyr a garai'r rhyddid newydd.

HANES CREFYDD
BRO SARON

PAPUR A DDARLLENWYD
YNG NGHYNHADLEDD EGLWYSI ARFON,
YN SARON, LLANWNDA, MEHEFIN 17, 1937

Ω

AR WAHÂN i'r Eglwys Esgobol, nid oes yng Nghymru adran o Eglwys Crist ag sy'n gyfoethocach mewn hanes na'r Eglwys Gynulleidfaol; nid oes adran ychwaith a wnaeth lai hyd yn hyn i gorffori'r hanes hwnnw'n drefnus a chyflawn, ac y mae hyn yn anfantais i ni draethu'n fanwl a boddhaol ar Hanes Crefydd yn Amgylchoedd Caernarfon. Yn y Llawlyfr a baratowyd ar gyfer yr Undeb yn 1930, rhoddwyd llawer o hanes Eglwysi Annibynnol y Cylch, a gwna hynny'n esgusawd dros i ni beidio â rhoi manylion yr hanes ar hyn o bryd, hyd yn oed pe gwyddem ddigon ohono i fedru ei draethu. Pe bai'r gynulleidfa'n ieuanc byddai'n fuddiol adrodd iddi hanes ymdrechion, ymroad a sêl y tadau gynt, i'w hyfforddi yn yr hen hanes ac i geisio ennyn ynddynt yr un llafur a ffyddlondeb ag oedd yn ein blaenoriaid; dylid adrodd yr hanes hwnnw'n lled aml. Eithr llwybr arall y disgwylir i ni ei gymryd y bore heddiw, mi dybiaf.

Oddi ar ddyddiau'r Diwygiad Protestannaidd, neu a bod yn fanwl, oddi ar ddyddiau'r frenhines Elsbeth, pan dducpwyd yr Eglwys yn Lloegr dan drefn sefydledig a phan geisiai'r Wladwriaeth ymhob ffordd ddiwreiddio'r hen ffydd, sef trefn Eglwys Rufain, gellir dywedyd bod hanes crefydd yn y rhan ddeheuol o sir Gaernarfon, yn Llŷn yn arbennig, yn dwyn i'n sylw rai pynciau dyrys ond diddorol. Yn gyntaf, cafwyd mwy o wrthwynebiad i'r grefydd newydd yn Llŷn nag mewn odid yr un fro arall yng Nghymru. Glynai'r ysgweiriaid a'r werin wrth yr hen drefn, defnyddid yr hen wasanaeth Rhufeinig, a gwrthsefid pob ymgais i ddwyn y ffurf-wasanaeth newydd i'r eglwysi. Y mae'n debyg na chyfrannodd unman yn fwy na Llŷn at nifer y rhai a ffoes i'r Cyfandir i hyrwyddo crefydd Rhufain oddi yno, ac i ymuno â'r gwahanol golegau Jesiwitaidd. Y mae'n syn darllen am ffyniant cymaint o hen ofergoelion a hen ymarferiadau crefyddol mewn lle fel Clynnog yn niwedd yr unfed ganrif ar bymtheg, a hanes tebyg oedd i holl wlad Llŷn. Yn ail, yn y ganrif ddilynol ni safodd yr un rhan o Gymru'n fwy nag y gwnaeth Llŷn yn erbyn y gormes eglwysig a ddaeth ar y wlad yn nyddiau'r Archesgob Laud a chyn hynny, ond nid o du'r hen grefydd, bellach, eithr o du Anghydffurfiaeth Brotestannaidd neu Annibyniaeth. Nid y werin yn unig a gofleidiai'r drefn Gynulleidfaol, ond cynrychiolwyr yr hen deuluoedd bonheddig hefyd. Golygai hyn y peth a eilw'r Sais yn 'swing of the pendulum', a bod y bobl yn Llŷn bellach wedi symud i ochr gyferbyniol hollol i'r safle y safai eu teidiau arno. Ni cheisiwn esbonio'r newid hwn, nac ychwaith egluro pam y rhoes Llŷn gystal croeso ymhen canrif arall i'r Diwygwyr a ddeuai i fyny o'r De. Y cwbl a ddywedwn yw fod yr hanes yn ddyrys, neu yn enigmatig, a defnyddio term dieithr.

Y pwynt sydd gennym ydyw bod Annibyniaeth wedi llwyddo i roi ei throed i lawr yn lled gadarn yn Llŷn yn yr ail ganrif ar bymtheg, ac wedi ffynnu yn wyneb pob gormes ac erlid. Yno y sefydlwyd yr eglwysi Annibynnol cyntaf yn y rhan hon o'r wlad; yno y cerddai'r efengylwyr ac y caffent groeso. Y mae hanes John Williams Ty'n y Coed, Henry Maurice Methlam, a James Owen, yn ddigon adnabyddus; felly hefyd hanes eglwysi Pwllheli, y Capel Newydd a Chapel Helyg. Mor bell ag y gwyddom, nid oedd dim o ddylanwad yr eglwysi hynny hyd hynny wedi cyrraedd mor bell â thre Caernarfon. Yr ardal agosaf a roddai loches i Annibyniaeth ydoedd Clynnog, lle bu amryw ddynion dan erledigaeth, fel yn Llŷn ac Eifionydd, yn nyddiau'r Deddfau Cosb, sef y *Penal Code*. Sylwer, fodd bynnag, fod yr un peth i'w ddywedyd am Glynnog ag a ddywcdwyd am Lŷn. Bu unwaith yn lloches gadarn i'r hen grefydd; rhoes ar ôl hynny nodded i Annibyniaeth, a thrachefn, yno y codwyd yr eglwys Fethodistaidd Gymreig gyntaf yn Ne Arfon. Gellir gofyn yn y cysylltiad hwn pam y bu Annibyniaeth am gyfnod lled hir mor ddigynnydd, neu mor statig, yn y rhan hon o'r wlad. Yn ateb, gallwn nodi un rheswm arbennig. Hwnnw yw, fod y syniad tiriogaethol yn lled gryf mewn Annibyniaeth yn y cyfnod sydd dan sylw'n awr. Wrth y syniad 'tiriogaethol', golygir mai eglwys ar gyfer rhanbarth lled fawr ac nid ar gyfer ardal gyfyngedig yr ystyrid pob eglwys ar y cyntaf; mewn geiriau eraill yr oedd y plwy mewn ystyr Annibynnol yn llawer iawn helaethach nag ydoedd yn y drefn eglwysig. Nid yw'n syn felly fod Annibynwyr Clynnog yn perthyn i eglwys Capel Helyg, a bod rhai o aelodau eglwys Pwllheli yn trigiannu ym Môn. Y mae'n amlwg, gan hynny, fod yn rhaid wrth sêl danbaid i dynnu pobl o bellter i'r eglwysi canolog. Un nodwedd mewn Ymneilltuaeth yn gyffredin ydyw ei bod yn gofalu am ddwyn yr efengyl i gyrraedd y bobl yn hytrach na disgwyl i'r bobl dramwyo rhan enfawr o'r wlad i ddyfod i afael â moddion gras. Yn ôl y Parch H. Ivor Jones, un wers i'w dysgu oddi wrth hanes Annibyniaeth sir Gaernarfon ydyw nad ymdrechodd y tadau cyntaf gymaint ag a ddylasent i ehangu cylch eu gwasanaeth, a dyfynna Mr Jones gyngor Hywel Harris i'r Annibynwyr yn Llŷn, sef bod iddynt wasgar yr halen yma ac acw yn hytrach na'i gasglu i gyd i'r un lle. Yr ydys yn ymdroi fel hyn gyda hanes Llŷn i geisio gweld a oes cysylltiad rhwng Annibyniaeth tref Caernarfon â'r Annibyniaeth a ffynnai ar y cyntaf yn Llŷn. Credaf i'r Annibynwyr roi cyngor Hywel Harris at eu calon, oherwydd cawn fod Annibyniaeth wedi cael ei throed i lawr yng Nghaernarfon yn lled fuan ar ôl ymweliad cyntaf Hywel Harris â gwlad Llŷn. Tipyn o ryfyg ydoedd i Ymneilltuwr ddangos ei wyneb yng Nghaernarfon ddau can mlynedd yn ôl, a thipyn o anghlod i'r dref ydoedd bod ei thrigolion mor anystywallt fel na adawent i bregethwyr y Gair ymddangos o fewn ei therfynau. Credaf hefyd mai fel athrawon yn hytrach na fel pregethwyr y daeth yr Annibynwyr yma i ddechrau; (yr oedd ysgol yn Saron hefyd cyn codi capel). Gwyddys bod athro yn y dre mor gynnar â 1744 ac yn cael cynhorthwy o

Gronfa Ysgol Dr Williams. Aeth amryw flynyddoedd cyn trwyddedu tŷ yng Nghaernarfon i bregethu ynddo,[1] ond yn y man cafwyd safle i gapel trwy gymwynasgarwch a charedigrwydd Mrs Catherine Edwards, Nanhoron. Y mae'n awgrymol mai Pen-dref oedd yr enw a roed i'r capel — golygai hynny ar y pryd Ben Draw'r dref, allan o ffiniau'r dref ac yn ymarferol ar gwr y wlad. Nid ydys yn sicr nad o'r wlad y caffai'r capel hwnnw ei gefnogaeth fwyaf. Yr oedd y syniad tiriogaethol yn aros o hyd, a golygid i eglwys Pen-dref wasanaethu'r holl amgylchoedd sef y rhannau hynny a wasanaethir yn awr gan eglwysi y Felinheli, Bethel, y Waun Fawr, Bontnewydd a Saron. Gwyddys fod rhai o'r holl gylchoedd hyn yn aelodau ym Mhen-dref ac yn dwyn eu plant yno i'w bedyddio. Ni allai trefn fel hyn aros yn hir yn y dyddiau hynny o gymaint â bod pŵerau crefyddol eraill yn gweithio'n lled rymus yn y bröydd ar y pryd, ac eglwysi heb fod yn esgobol nac Annibynnol yn cyfodi yn y gwahanol ardaloedd. Daeth llawer o gydymgais yn y byd crefyddol, a bu'n rhaid i Annibyniaeth roi heibio i'r syniad tiriogaethol. Yr oedd dipyn yn hwyr erbyn hynny; eithr ar ôl deffro yn y mater gwelwyd yr angen am gaffael eglwysi yn y wlad oddi amgylch. Ymhen llai nag un oes ar ôl codi eglwys Pen-dref, cafwyd eglwysi Annibynnol ym Methel, y Felinheli, y Waun Fawr, Bontnewydd a Saron. Nid ydys yn sicr nad yw'r hyn a ddigwyddodd ym mro Caernarfon i'w gymhwyso hefyd at rannau eraill o'r wlad, ac yn eglurhad paham na ffynasai Annibyniaeth yn fwy yng Nghymru a hithau wedi achub cymaint o'r blaen ar rai o'r enwadau eraill.

Nid yw Hanes y Morafiaid yn Arfon wedi ei gyhoeddi hyd yn hyn,[2] ond pan geffir yr hanes hwnnw credaf y gellir dangos bod cysylltiad rhwng y brodyr hynny ag Annibyniaeth Caernarfon. Fel y gwyddys, bu'r Parch. John Griffith yn gweinidogaethu am ddau dymor yn nhre Caernarfon, a chan fod ei wraig yn hanfod o deulu Drws y Coed lle bu cryn ffyniant ar Forafiaeth ynghanol y ddeunawfed ganrif, y mae'n naturiol i ni gredu bod dwyster ac eiddgarwch y Morafiaid yn nodweddu Janet Griffith. Gellir nodi hefyd fod William Griffith, y mab, sef y Parch W. Griffith, Caergybi, wedi priodi un o linach Drws y Coed, a bod yr un crefyddolder yn ei nodweddu hithau ag a berthynai i'w mamyng-nghyfraith. Yr oedd Annibyniaeth tre Caernarfon, fodd bynnag, yn hŷn na'r cysylltiad hwn â Morafiaeth. Y mae'r cysylltiad i'w gael ym mherson Daniel Phillips, Pwllheli, a ddaeth i bregethu yng Nghaernarfon.

Nid oes gennym amser na moddion sicr ychwaith i olrhain yn fanwl y cysylltiad sydd rhwng Annibyniaeth y fro hon ag Annibyniaeth Llŷn ac Eifionydd, ond nid amheuwn nad oes gysylltiad agos iawn rhyngddynt, a chredwn y dylai'r cysylltiad hwnnw fod yn destun boddhad i bawb a deimla ddiddordeb yn hanes yr enwad. Fel y dywedwyd yn barod, nid yw'n fuddiol i ni sôn am y rhai a fu'n flaenllaw yn sefydliad y gwahanol achosion yn y bröydd hyn, ac ni allem ddywedyd dim newydd yn y cysylltiad hwn. Ysgrifennwyd llawer iawn o hanes eglwysi'r cylch yn y llawlyfr a ddarparwyd ar gyfer yr Undeb pan ddaeth i Gaernarfon yn 1930, ac y mae'n dda gennym gael yr hanes hwnnw. Dymunwn awgrymu, er hynny, fod llawer iawn o waith ymchwil i'w wneuthur yn y maes hwn eto. Gwyddys bod llawer iawn o wybodaeth i'w chasglu o ffynonellau y tu allan i gylch crefydd, hynny yw, y mae mewn cofnodion gwladol a phlwyfol lawer iawn o foddion i gymharu a sicrhau dyddiadau a digwyddiadau a gafwyd yn fwyaf neilltuol oddi ar gof a thraddodiad. Cymerer yn enghraifft hanes eglwys Saron ei hun. Y mae'n gof gennyf fod tipyn o ddadlau, ar agoriad y capel presennol, ynghylch y flwyddyn y codwyd y capel cyntaf. Mater o flwyddyn neu ddwy oedd y ddadl. Gan mai 1813 sydd ar y Weithred ar y tir y saif y capel arno cymerwyd mai dyna flwyddyn adeiladu'r capel. 1812 yw'r flwyddyn a roddir gan y Parch H. Ivor Jones. Pwy all benderfynu? O fewn rhyw hanner milltir i'r capel saif adeilad a oedd gynt yn odyn galch, ar lan y traeth, ac y mae'n naturiol i ni gasglu mai oddi yno y ceffid y calch i adeiladu'r capel. Y mae llyfr yr odyn galch, sy'n rhoi'r cyfrifon ariannol am rai blynyddoedd, ar gael heddiw ac i'w weld yng Ngholeg Bangor. Ymhlith y symiau a dalwyd yn 1814 gwelir a ganlyn:

Robert Jones Pont Faen   £9   6   8 ac am y flwyddyn ddilynol:

Robert Jones Pont Faen £5 11 8

Ni chofnodir yn y llyfr mai ar gyfer capel Saron y cafwyd y calch, ond y mae nodiad am y flwyddyn 1813 lle dywedir

Capal Bwlan £7 8 4.

Yr oedd Robert Jones Pont Faen yn un o Ymddiriedolwyr Capel Saron, a chredaf ei bod yn ddigon teg i ni gymryd mai ar gyfer y capel yn hytrach nag ar gyfer Melin Pont Faen nac ar gyfer y tir y pwrcaswyd un o'r ddau gyflenwad calch a gafodd. Os pwrcaswyd y tir yn Saron yn 1813 ni fyddai'n amhriodol i ni ystyried mai yn y flwyddyn ddilynol yr adeiladwyd y capel. Yn Adroddiad Llys Eglwysig Bangor nodir mai yn 1814 y cafwyd trwydded ar gyfer capel Bwlan ac mai yn 1815 y cafwyd trwydded i Saron. Ymddengys oddi wrth hyn fod Capel Bwlan yn hŷn o flwyddyn na chapel Saron (a chymryd bod Annibynwyr yn dalwyr mor brydlon â'r Methodistiaid), a bod y naill gofnod yn cadarnhau'r llall. Y pwynt y dymunem ei godi ydyw fod modd cael cadarnhad i lawer traddodiad pe chwiliem gofnodion sy'n ymddangos yn ddigon anghysylltiol ac amherthnasol.

Gŵr a weithiodd yn galed dros yr Efengyl dros gylch lled fawr ac am gyfnod maith iawn ydoedd William Hughes Saron. Pam y buwyd cyhyd heb ei ordeinio, nis gwyddom. Trigai am un cyfnod ym Mryn Beddau, fferm sydd ar ffiniau y Bontnewydd a Rhostryfan, ac fel William Hughes Bryn Beddau yr adnabyddid ef am y rhan fwyaf o'i oes, a bu'n ddylanwad mawr yn ei ardal ei hun yn enwedig. Enwir ef ymhlith y rhai a roes groeso i Fethodistiaeth i ardal Rhostryfan ac a sefydlodd yr Ysgol Sul yno. Efallai na fu gofal eglwys arno hyd oni ddaeth i Saron, ond bu yno am chwe blynedd, o leiaf, cyn ei ordeinio. Pa bryd y daeth ef i Saron? Y traddodiad yw mai yn 1814. Wel, trowch i lyfr yr odyn galch a chewch gyfrif felly am y flwyddyn 1815:

William Hughes (Saron) £1 16 8.

Y mae'n deg i ni gymryd mai ar gyfer ei dŷ yn Saron y

pwrcasodd y calch, ac mai yn 1814-15 y daeth i'r ardal i fyw. Trowch drachefn i Lyfr y Dreth yn Llanwnda am 1813-16 (y mae hwn yng Ngholeg Bangor hefyd), a chewch fod William Hughes yn denant ym Mryn Beddau hyd 1813-14 ac ar ôl hynny mai gŵr o'r enw David Jones yw'r tenant. Trwy hyn ceir cadarnhad i'r traddodiad mai yn 1814-15 y daeth William Hughes i Saron. Yn adroddiad Llys Eglwysig Bangor, fel y dywedwyd, nodir mai yn y flwyddyn 1814 y rhoed trwydded i Gapel Bwlan ac mai yn y flwyddyn ddilynol y rhoed un i Gapel Saron. Y peth sy'n rhyfedd ydyw bod llyfr yr odyn a chofnodion y llys ym Mangor yn dangos bod gan Fwlan flwyddyn o flaenoriaeth ar Saron — un peth yn cadarnhau'r llall. Praw yw'r pethau hyn o'r hyn a ddywedwyd yn barod, sef bod maes ymchwil eang yn aros o hyd, a bod defnyddiau hanes i'w cael mewn mannau y gellid ar ryw gyfrifon eu galw'n ddiarffordd. Y mae cofnodion bedyddio yn profi'r un peth, sef fod y capel wedi ei godi yn 1814.

Y mae yng Nghantref Arfon ranbarth arall nad ydys wedi sôn dim amdani, sef y rhan ddeheuol, ac y mae rheswm tros hynny. Y mae'n ddigon priodol gwneuthur un dosbarth o Gaernarfon a'r ardaloedd cylchynol — y Felinheli, Bethel, y Waun Fawr, Bontnewydd a Saron — oherwydd eu bod yn gysylltiedig â'r un canolbwynt ac yn perthyn i Annibyniaeth Llŷn trwy'r achos ym Mhen-dref. Credaf mai tarddiad gwahanol sydd i'r achosion Annibynnol yn Nhal-y-sarn, Pen-y-groes, Pisgah, Gosen, Moeltryfan a Rhostryfan. Y mae modd cysylltu'r rhai hyn oll ag Annibyniaeth Pwllheli, ond cysylltiad hollol annibynnol ar Ben-dref ydyw, ac felly nid mater o ddaearyddiaeth yn hollol ydyw bod yr eglwysi diwethaf hyn y tu allan i ddosbarth Caernarfon.

Dywedir mai Methodistiaeth a gafodd y weledigaeth gyntaf ynglŷn ag addysg y werin, ac mai Annibyniaeth a wnaeth fwyaf dros ledu gorwelion dyletswyddau dyn. Y mae rhyddid yn un o egwyddorion sylfaenol Annibyniaeth, a bu ei greddf yn ddigon cryf i'w chadw ar y blaen i hyrwyddo achos rhyddid ymhob cysylltiad. Dros gan mlynedd yn ôl, fel y gwyddys, bu ymdrech fawr ymhlaid rhyddid gwladol a chrefyddol, ac yr oedd Annibyniaeth y bröydd hyn yn frwd iawn tros ddiddymu Deddf y Praw Lwon. Yn rhestrau'r eglwysi a ddeisebodd y Senedd ymhlaid y diddymu ceir enw pob eglwys Annibynnol oedd yn y cylch hwn ar y pryd —

Bethel, Saron, Tal-y-sarn, Pisgah, ac eraill. Y pryd hynny yr oedd y Methodistiaid fel cŵn bach heb agor eu llygaid yn y cysylltiad hwn. Eithr er dywedyd bod Annibyniaeth wedi gwneuthur gwaith mawr ynglŷn â symud gormes a chaethiwed ni chollodd olwg ar ei gwaith mwyaf, sef cyhoeddi'r Efengyl ger bron yr holl bobl a dwyn ei hegwyddorion i weithrediad ymarferol ym mywyd y genedl.

[1][Noda W.G.W. mewn ychwanegiad diweddarach ei fod, erbyn hynny, wedi cael tystiolaeth fod ambell drwydded wedi'i rhoi ar gyfer tai cyrddau ymhell cyn hyn. — *Gol.*]

[2][Mae'r hanes ar gael bellach yn llyfr R.T. Jenkins, 'The Moravian Brethren in North Wales', *Y Cymmrodor*, cyf. 45 (1938) — *Gol.*]

WILLIAM WILLIAMS,

BODADEN

Ω

Y N NECHRAU'R bedwaredd ganrif ar bymtheg yr oedd
William Williams, Bodaden yn un o'r cymeriadau amlycaf
ym mhlwyf Llanwnda. Yr oedd yn addfwyn a bonheddig o
ran tymer, yn gymwynasgar ei ysbryd, ac o ran ysgolheictod
yn tra rhagori ar y rhan fwyaf o'i gymdogion. Oherwydd y
pethau hyn edrychid arno fel 'gentleman farmer', ac am
ddarn helaeth o'i oes cadwodd urddas y cymeriad a roid
iddo.

Yr oedd tipyn o fonedd yn ei dras; ei dad, David Williams,
yn fab i William Morris o'r Dinas, a'i fam, Ellen Williams
(Ellen Evans yn wyryf) yn ferch Evan Williams, Bodaden.
Ganed i David ac Ellen Williams ddau fab, Evan a William, y
naill yn 1770 a'r llall yn 1772. Y mae'n amlwg oddi wrth
gynhyrchion meddwl a llaw William Williams iddo dderbyn
addysg uwch na'r cyffredin yn ei oes, ond nid oes wybodaeth
ymhle y cafodd ei ysgol. Ni ddaeth Evan Richardson i
Gaernarfon hyd onid oedd William Williams yn bymtheg
oed, ond fe ddichon iddo fod yn ysgol Evan Richardson — yr
oedd gan ei deulu foddion i'w gadw yn yr ysgol am
flynyddoedd. Nid oes gennym ddim o hanes William
Williams yn y rhan gyntaf o'i oes, ond erbyn iddo ddyfod yn
ffermwr ym Modaden ar farwolaeth ei dad yn 1811 yr oedd
wedi codi i safle lled uchel yn y plwyf. Y mae traddodiad fod
iddo ran yn sefydlu'r Ysgol Sul ym Mryn'rodyn a
Rhostryfan,[1] ond dylid cofio mai eglwyswr y cyfrifid ef gan ei
gymdogion. Nid oedd yn beth anghyffredin gweled eglwyswr
yn cynorthwyo'r Methodistiaid ac yn hyrwyddo achosion fel

yr Ysgol Sul.

Yr oedd rhai symudiadau na chaniateid i Fethodistiaid eu dilyn, ac ymhlith y rheiny yr oedd yr eisteddfodau a gynhelid dan nawdd Dafydd Ddu Eryri a'i gyffelyb. Yr oedd yn William Williams duedd at farddoniaeth, ac yr oedd yn gyfarwydd â rheolau barddas. Yn 1813 yr oeddys wedi sefydlu eisteddfod yn y Bontnewydd dan yr enw 'Cymdeithas yr Eryron',[2] ac ymhlith aelodau'r Gymdeithas honno gwelir enwau rhai o wŷr Llanwnda — Huw Jones Pen-y-groes, Richard Huws Tŷ'n Lôn Bodaden, Richard Jones yr Erw (Gwyndaf Eryri), William Williams Bodaden. Cedwid cyrddau'r Gymdeithas yn y 'Bull Inn' ar allt y Bontnewydd, ac Evan Williams, brawd William Williams, ydoedd ceidwad y dafarn. Nid oedd yr achosion dirwestol wedi cychwyn yn y wlad ar y pryd, ac yr oedd eisteddfota a diota yn ddau beth a berthynai'n agos i'w gilydd yn yr oes honno. Nid oedd Evan Williams yn ddirwestwr o gryn dipyn (lled debyg iddo ydoedd y rhan fwyaf o'r cwmni). Y mae gan Dafydd Ddu yn un o'i lythyrau air awgrymiadol iawn — "Pawb yn ddigon sobr ond Evan Williams."[3] Yng nghymdeithas y beirdd yr oedd yn hawdd i William Williams ddyfod yn gydnabyddus â rheolau barddas, ond ni wyddom am lawer o enghreifftiau o'i waith. Yn *Y Goleuad* am Dachwedd 1820 cawn Huw Jones Pen y Groes yn sgrifennu fel hyn:

"Darfu William Williams Bodaden ychydig fisoedd yn ôl fy annerch a gofyniad barddol fel hyn:

"Pa fab a merch a thad a pherchen
A'u henwau wnair a thair llythyren?
Tydi olrheiniwr Ysgrythyrau
Noda y rhai'n i wneud yr henwau:
Os hyn a fydd yn fwy rhyfeddod,
Gwnant unarddeg o iawn lythrenod,
A chwech o sillau'n wych i syllu,
I wneud yn fanol y nod i fyny."

Mewn pedair o'r llinellau uchod cedwir rheolau'r gynghanedd, a gellir tybio felly fod William Williams yn gydnabyddus â'r rheolau hynny, ond ni ddaeth yn gymaint meistr arnynt â'i ddau gymydog, Huw Jones Pen-y-groes a Richard Huws Tŷ'n Lôn Bodaden, heb sôn am Ddafydd

Ddu, Gutyn Padarn, Gwyndaf Eryri ac Owen Williams.

Ar ôl 1817 cododd cryn hclynt ym mhlwyf Llanwnda oherwydd i berson newydd fynnu degymu'r tatws a godid ar y ffermydd. Cynnyrch cymharol ddiweddar yn y fro ydoedd tatws, ac nis cynhwysid yn y terrier a wnaed yn 1776. Gan nad oedd sôn am y cynnyrch hwn yn y terrier mynnai'r ffermwyr nad oedd i'w ddegymu, ac na bu degymu arno erioed yn flaenorol. Parhaodd yr helynt am ddwy neu dair blynedd — yr offeiriad yn benderfynol a'r ffermwyr yn ei herio — a'r diwedd fu i'r mater fynd yn bwnc o gyfraith rhwng y ddwy ochr. Ar y cyntaf safai William Williams yn ddynn dros gadw at yr hen drefn, a bu'n ceisio dylanwadu ar y person i beidio â bod mor ffôl â thorri ar heddwch ei blwyf, ond pan welodd fod y person yn benderfynol o ddwyn y cwestiwn o flaen llys barn troes William Williams i geisio darbwyllo'i gymdogion i roi heibio eu gwrthwynebiad i'r degwm newydd. Ni wrandawai'r naill barti na'r llall arno. Yr oedd y mater yn ddyrys, ond credai'r ffermwyr fod eu safle hwy'n gyfreithiol gadarn. Eithr yn nyfarniad y llys, y person a ddug y maen i'r wal. Yr oedd y draul yn gannoedd o bunnau i'r ffermwyr, a bu rhaid ar rai o gyfreithwyr Caernarfon ddisgwyl am flynyddoedd am eu tâl — erys rhan fawr o'r ddyled heb ei thalu hyd y dydd heddiw.[4] Ni bu'r helynt o unrhyw les i'r eglwys yn y plwyf — troes y rhan fwyaf o'r bobl eu cefnau arni, a gwelir effeithiau hynny hyd y dydd hwn. Nid yw'r sôn am y 'person tatws' wedi darfod eto.

Nid oedd ymgodymu â chweryla'n gytûn ag ysbryd William Williams, ac ni allai oddef cwerylon lleol na chrefyddol. Gofid iddo ydoedd gweled yr enwadau crefyddol yn herian yn barhaus ar ei gilydd. Gellir profi hynny trwy ei waith yn troi i'r Gymraeg lyfryn o waith y Sais duwiol a'i enw Cornelius Cayley; teitl y llyfr yn Gymraeg ydyw *Y Gangen Olewydden Heddwch* — gwyn fyd na ellid cael ysbryd y llyfr i weithio yn y byd heddiw. Dyma ran o ragymadrodd William Williams:

Mae llawer, yn ein hoes, wedi bod, ac yn bod, yn ymdrechwyr enwog y'mhlaid y ffydd a roddwyd unwaith i'r saint; ond fe all, ddarfod i ddynion duwiol, trwy wendid, ddolurio gormod ar eu gilydd, wrth ysgrifennu a llefaru, ar y pynciau a elwir yn ddadleugar mewn crefydd. Da gan uffern ac annuwioldeb weled y plant yn ymrafaelio am ryw beth ie, pe bai ond peth bychan,&c.

Bodadan,
Tach 1 1821.   W. Williams

Clywir protest yn y geiriau uchod yn erbyn peth oedd yn dra chyffredin yn y dyddiau hynny, sef y dadleuon chwerw rhwng Arminiaeth a Chalfiniaeth, rhwng dau fath ar Fethodistiaid, ie, rhwng John Elias o Fôn a Thomas Jones o Ddinbych yn y Corff Methodistaidd ei hun.

Yr oedd William Williams wedi ei godi ar aelwyd lle'r oedd cryn barch i'r drefn eglwysig, ac ni fynnai gefnogi dim a oedd yn niweidiol i'r fam eglwys. O'r tu arall teimlai'n ddwys oherwydd bod y fam eglwys yng ngafael difaterwch a marweidd-dra, a phrotestiai yn erbyn rhai offeiriaid oherwydd bod eu buchedd yn anghytûn ag urddas yr enw oedd arnynt ac â'r swydd a ddalient. Yr oedd yn hawdd i ŵr ystyriol a difrif fel fo betruso ynglŷn â'i grefydd — y cwestiwn i'w benderfynu ydoedd pa un orau, glynu wrth hen drefn ei dadau, ai ynteu troi at y Methodistiaid a oedd yn ymddangos yn fwy crefyddol eu hysbryd ac yn fwy dichlynaidd eu buchedd na llawer o ddilynwyr yr hen drefn. Efallai y gellir dywedyd iddo gyfuno'r ddwy ffordd, sef bod yn eglwyswr Methodistaidd. Yr oedd, gan hynny, ddwy farn yn ei gylch — ystyriai eglwyswyr ef yn Fethodist, ac ystyriai'r Methodistiaid ef yn eglwyswr egwyddorol.

Yn ei ddyddiau ef yr oedd cryn gynnwrf gyda'r tyddynnod a godasid ar y comin ym mhlwyf Llanwnda a phlwyfi cyfagos. Nid oedd neb o'r tyddynwyr wedi sicrhau hawl gyfreithiol i'r rhannau o'r comin a gaewyd ganddynt, a bygythiai rhai landlordiaid ddwyn mesur o flaen y Senedd i gau'r comin a'i rannu rhwng perchenogion yr ystadau. Oes cau'r comin oedd honno, a'r oes o'i blaen, a chollodd gwerinwyr eu hen freintiau a'u hawliau. Yn ffodus i dyddynwyr Llanwnda a'r cylch nid oedd y gwŷr mawr yn gytûn ar y pwnc. Ducpwyd mesur o flaen y Senedd, eithr trwy ymdrechion cyfeillion yn Llundain llwyddwyd i ladd y mesur, a chadwodd y tyddynwyr eu meddiannau.[5] Ond bu'r helynt yn foddion i ddynnu sylw'r llywodraeth at y tyddynnod, ac i drefnu bod y Goron yn mynnu tâl am y tiroedd a gaewyd heb awdurdod na chaniatâd. Parai hyn hefyd bryder i'r tyddynwyr, ac ofnent y collent holl gynnyrch eu llafur a'u hymdrechion. Ni fu swyddogion y Goron yn galed, fodd bynnag, ond gofynnid i bawb dalu swm o arian am y tir er mwyn sicrhau gweithredoedd arno. Golygai hyn fod yn rhaid ar y tyddynwyr fynd i afael cyfreithwyr a syrfewyr. O'r braidd y gŵyr ein hoes ni am yr arswyd a feddiannai pobl dlodion wrth feddwl am gyfreithwyr. Nid yw'n ormod dywedyd, efallai, fod gŵyr y gyfraith wedi bod yn offerynnau hwylus i gyfoethogion dreisio hawliau'r werin, ac i'w hysbeilio o'i breintiau.

Gweithredai swyddogion Comisiwn y Fforestydd fel cyfreithwyr ynglŷn â'r gweithredoedd, ond yr oedd rhaid wrth syrfewyr lleol i nodi'r terfynau. Ni allai tyddynwyr Llanwnda gael gwell syrfewr na William Williams, ac ynglŷn â gweithredoedd llawer tyddyn ceir mapiau o'i waith ef. O gymharu'r mapiau hynny â mapiau swyddogol diweddarach gwelid mor gywir a destlus ydoedd ef fel syrfewr.

Yn yr un oes yr oedd Deddf y Tlodion yn pwyso'n drwm iawn ar yr adran dlotaf o'r werin, ac nid oedd yn hawdd i'r claf a'r anghenus gael y cymorth plwyf yr oedd ganddynt hawl iddo. Pan roid cymorth, ceid ei fod yn druenus o annigonol, er mwyn arbed y trethi, a byddai'n rhaid ar lawer un fynd i gyflwr hollol druenus cyn y caffai ei achos unrhyw sylw. Yr oedd yn dda i blwyf Llanwnda fod gŵr mor garedig ei ysbryd ac mor gymwynasgar ei fryd yn byw yn ymyl, sef ym Modaden, ac at William Williams y cyrchai'r tlodion pan fyddis yn gofyn am gyfiawnder a thegwch. Y mae yng nghofnodion rhai llysoedd gopïau o lawer o lythyrau a anfonwyd gan William Williams i fynnu sylw *overseers* calongaled at gyflwr gresynus rhai o dlodion y cylch. Nid yw'n rhyfedd, gan hynny, ei fod yn ŵr uchel ei barch yn ei fro a'i ardal.

Y mae Saesneg rhai o'r llythyrau'n dangos bod eu hysgrifennydd yn feistr ar yr iaith honno — medru torri enw â dwy brif lythyren oedd uchafbwynt ysgolheictod rhai o brif ffermwyr y plwy yn nyddiau William Williams. Ni fyddai'n rhyfedd, efallai, i ni ganfod bod William Williams yn fwy o feistr ar yr iaith Gymraeg nag ydoedd ar yr iaith arall; ni allai beidio â bod yn Gymro da ag yntau'n aelod o Gymdeithas y Beirdd. Yr oedd un symudiad newydd wedi cyrraedd y fro erbyn i William Williams fynd heibio i ganol dydd bywyd, a hwnnw ydoedd y Symudiad Dirwestol, ond nid ymddengys i'r symudiad hwnnw dderbyn dim o'i gefnogaeth — y mae'n debyg nad oedd yn fodlon torri wrth hen arferiad a ffynnai yn nyddiau Cymdeithas yr Eryron. Heblaw hynny daeth amseroedd lled wasgedig i gyfarfod amaethwyr y wlad fel y treiglai'r blynyddoedd oddi wrth ddyddiau'r rhyfeloedd â Ffrainc, ac aeth amgylchiadau llawer "gentleman farmer" yn ddigon cyfyng. Digwyddodd felly ym Modaden, a bu rhaid i William Williams symud oddi yno.

Y mae'n demtasiwn i gymwynaswyr naturiol fod yn fwy gwasanaethgar i'w cymdogion nag iddynt eu hunain, ac yn ôl traddodiad daeth William Williams dan y demtasiwn hon. Rhoddai fwy o sylw i ofynion pobl eraill arno nag i ofynion ei fferm a'i amgylchiadau ei hun. Efallai hefyd ei fod erbyn cyrraedd trigain oed yn teimlo y gallasai roi ei amaethu heibio ac ymneilltuo a chael bywyd tawelach. Yn 1834 rhoes denantiaeth Bodaden i fyny, ac ymneilltuo i dŷ preifat yn Rhostryfan, sef Bryn Horeb. Ar y pryd, ystyrid y tŷ hwnnw'n lle cyfaddas i ŵr o safle ei drigiannu gan mai hwnnw ar y pryd oedd yr unig dŷ yn y pentref ag iddo ddeulawr. Yn llyfrau'r dreth yn Llanwnda yn y 40au o'r ganrif o'r blaen nodir mai tenant Bryn Horeb ydoedd William Williams ac mai William Williams ydoedd enw'r perchennog, eithr nid yr un person a ddynodid gan y ddau William Williams. Gŵr Bodaden gynt ydoedd William Williams y tenant, a William Williams Tŷ'r Capel ydoedd y perchennog. Ym Mryn Horeb y treuliodd William Williams Bodaden ei flynyddoedd olaf, ond ychydig cyn ei farw aeth i fyw at ferch cefnder iddo yn y Tryfan Bach, ac yno bu farw yn 1847. Claddwyd ef ym mynwent Llanwnda, a dyma'r cofnod o hynny sydd yn rhestrau'r plwyf:

> William Williams Tryfan Bach (late of Bodaden) was buried May 4 1847, aged 74.

[1]W. Hobley, *Hanes Methodistiaeth Arfon*, (1910), I, 215.
[2]Gwel. *Y Genedl*, 23 a 30 Mai 1922.
[3]John Jones (Myrddin Fardd), *Adgof Uwch Angof* (1883), t. 49.
[4]Llyfrgell Coleg y Brifysgol, Bangor. Llsgau Porth-yr-Aur 25513-25529.
[5]*Lleuad yr Oes*, 1827.

Y PWRWS

Ω

AR GWR Y GORLLEWIN i ardal Rhostryfan safai gynt res o dai bychain, tri mewn nifer, a elwid yn Pwrws, ffurf lafar i'r enw Saesneg *Poorhouse*, y mae'n debyg. Yr eglurhad traddodiadol ydyw mai plwy Llanwnda a gododd y tri thŷ hyn ar gyfer tlodion llesg ac oedrannus. O blaid derbyn y traddodiad hwn gellir dywedyd bod dwy res neu dair o dai ym mhlwy Llanwnda yn myned dan yr enw *Poorhouses* lle trigai llawer o dlodion methiant a diamddiffyn. Tai o'r math hwn ydoedd Stryd y Glem (yn awr Bay View Terrace, Llanwnda), a rhan o'r Pentre Ucha yn y Bontnewydd. Yr oedd rhes gyffelyb o dai ar dir y Geufron hefyd, ac ni fyddai'n annaturiol i ni dderbyn y traddodiad ynglŷn ag amcan ac ystyr y Pwrws yn Rhostryfan. Ond y mae eglurhad arall y gellir ei dderbyn gyda mwy o sicrwydd, sef mai yn y canol o'r tri thŷ yr arferai'r Swyddog Cymorth (*relieving officer*) gyfarfod y tlodion rheidus a'u talu. Bu amser pan ddisgwylid i'r tlodion alw'n ,bersonol yn nhŷ'r swyddog i dderbyn eu cardod blwy, ond un ai oherwydd cynnydd tosturi yng nghalon y gweinyddwyr neu gynnydd yn rhifedi'r rhai a gynorthwyid, trefnwyd bod i'r swyddog ei hun alw mewn gwahanol fannau yn y plwy i dalu'r arian cymorth. Yn rhan isaf ardal Rhostryfan, y Pwrws a ddewiswyd yn fan talu i'r tlodion. Pan ddaeth cynnydd yn rhifedi trigolion yr ardal ac y codwyd nifer o dai yn uwch ar y rhos mynnwyd lle mwy cyfleus i'r tlodion alw am eu cymorth, ond parhawyd i alw'r hen dŷ talu wrth yr enw Pwrws.

Tri thŷ lled fychan oedd yn y Pwrws, ac nid oedd y gorau ohonynt yn addas iawn i fod yn drigias i deulu mawr, ond hyd o fewn hanner canrif yn ôl (sef hyd 1885, dyweder) gosodid un o'r tai i denantiaid. Y diwethaf i fyw yno, yn ôl a gofiwn, ydoedd Huw Williams, gŵr a adnabyddid yn lleol fel Huw Plas Mastiff. Dywedir mai camenw neu lysenw ar breswyl Huw mewn ardal gyfagos ydoedd Plas Mastiff. Yr oedd Huw'n gymeriad gwreiddiol a neilltuol, gyda nodweddion a barai ddifyrrwch i'w gymdogion a gwendidau a enynnai eu tosturi. Perthynai iddo atal dweud o fath arbennig, ond un digon hawdd i blant ei ddysgu a'i berfformio. Yr oedd digon o natur dda ynddo i allu gwrthsefyll pob sarhad, ac nid oedd ei alw'n Huw Plas Mastiff yn ei wyneb yn mennu mwy arno na phe bai'n deitl o anrhydedd. Yr oedd yn gloff hefyd — effaith damwain, yn ôl a gofiwn — ac yr oedd y cloffni'n wahanol i gloffni neb arall.

Yr oedd tlodi a Huw mor hen gydnabyddus â'i gilydd ac mor gymdogol a chytûn fel nad oedd nemor les i neb geisio myned rhyngddynt. Ar bwys cydnabyddiaeth mor agos tybiai Huw nad oedd unrhyw rwymau arno i dalu ei ddyledion, ac ymddengys bod pawb arall wedi dyfod i gredu'r un peth am Huw.

Dylesid dywedyd bod Huw wedi gwneuthur mwy nag un ymgais i dorri oddi wrth ei hen gydnabod, tlodi, a'r ymgais ddiwethaf a gofiwn ydyw ei waith yn troi'n botiwr neu werthwr llestri; cymerai arian neu garpiau'n gyfnewid am ei nwyddau. Nid oes gennym wybodaeth ynghylch y moddion a'i sicrhaodd mewn busnes, ond yr oedd cymaint â hyn o adnoddau ar gychwyn ei antur — trol, merlyn a stoc o lestri. Yn ei dro deuai heibio i dai'r ardal, ac er iddo chwythu a chordeddu llinynau ei wyneb fe wyddid ei gwestiwn cyn iddo orffen y gair cyntaf:

"Oes-ar-dy-fam-eisio-llestri-heddiw?"

Mewn cartrefi lle byddai nifer lled dda o blant nid peth anghyffredin a fyddai angen am lestri, ond nid oedd bargeinio'n waith mor hawdd - yr oedd prisiau Huw'n uchel a moddion y teulu'n gyfyngedig. Glynai Huw yn lled dynn wrth ei bris, ond gwyddai pob mam mai i lawr y deuai yn y man.

"S-s-swllt," ebe Huw, gan estyn y llestr fel pe bai'n ei gynnig yn rhodd. Ysgydwai'r fam ei phen.

"O-o-ond c-c-ceiniog," ebe Huw, ond ni thyciai hynny. "D-d-deg c-c-ceiniog, ynte," meddai Huw'n lled fwyn. O'r diwedd dodai'r llestr yn yr un llaw â'i ffon, plygai ei goes a thrawai ei glun yn dra chaled gyda'i law arall. "N-n-naw c-c-ceiniog," meddai'n dra chadarn, a gwyddid bellach ei fod wedi trawo'r gwaelod, a thrawo bargen yr un pryd. Gan mor uchel y sŵn a ddeuai o'r slap ar y glun taerai rhai o'r bechgyn fod ganddo wellt neu bapur llwyd dan ei ddillad.

Ni allwn ddywedyd pa mor lwyddiannus a fu Huw yn yr ymgais hon i dorri ar y gymdogaeth dda a fu rhyngddo â thlodi, ond yn anffodus daeth cyd-ymgeiswyr eraill i'r maes. Ryw noswaith cyrhaeddodd cerbyd yn llawn o bob math o lestri i'r pentre, a gyrrwyd gŵr gyda chloch ar hyd y pentre i gyhoeddi bod arwerthiant i fod wrth yr Hen Weithdy y noswaith honno. Dodasid y llestri'n gylch ar y llawr, a goleuid y lle gan lampau'n llosgi oel gwyllt, a phan ddaeth yr awr gyhoeddedig dechreuwyd ar yr arwerthiant. Bu gwerthu brwd yn y lle am awr neu ddwy, ac i bob golwg yr oedd y nwyddau'n fwy dewisiol nag eiddo Huw, ac y mae'n debyg fod y prisiau'n is hefyd. Beth bynnag am hynny diwallwyd anghenion llestryddol yr ardal yn lled gwbl am beth amser, er mawr anfantais i fusnes Huw.

Un ffordd gyffredin o ddatrys problemau bywyd yn y dyddiau hynny ydoedd ymfudo i Dde Cymru neu i America. Yr oedd y naill le a'r llall yn cadw drws agored, ac ni ofynnid am lythyrau cymeradwyaeth i'r sawl a ollyngid i mewn. Pe bai natur dda a thymer rywiog o ryw bwys gallai Huw a'i deulu gael dorau'n agored led y pen. Pan fyddai achosion yr ymfudo'n rhai pwysfawr, America oedd y lle a ddewisid fel dinas noddfa. Felly y bu yn achos Huw. Yr oedd wedi sicrhau cryn ddilladaeth iddo ef a'i deulu (pedwar o feibion a merch neu ddwy) cyn datguddio ohono'i fwriad i groesi Iwerydd, ond anghofiodd dalu am y nwyddau a gawsai.

Yr oedd yr holl dylwyth ar y ffordd i Lerpwl cyn i'r sôn gyrraedd clustiau'r teiliwr. Nid oedd amser i'w golli ar du Huw nac ar du Gough, y teiliwr. Gyda phob brys dilynodd y teiliwr hyd yn Lerpwl ar ôl y ffoaduriaid, ond yr oedd y blaen a gawsai teulu'r Pwrws yn dal yn fantais iddynt. Pan oedd Gough yn cyrraedd y *landing-stage* yr oedd y llong yn cychwyn i ffwrdd a Huw'n chwifio'i het yn garuaidd oddi ar y dec.

Canodd un o feirdd y Groeslon gerdd i'r helynt, a bu honno ar dafod yr ardaloedd am oes gyfan:

Owen Gough, y teiliwr cas,
Yn mynd i Lerpwl ar ôl Huw'r Plas:
Owen Gough yn codi ei het,
A Huw a'i fab yn rhodio'r dec.
&c.

Ychydig o helyntion dilynol Huw a ddaeth i glyw neb o'i hen gymdogion yn ardal y Pwrws, ond dywedir bod rhai o'i blant wedi cyrraedd safleoedd o bwys yn eu gwlad newydd. Gobeithiwn eu bod — buont yn ddigon hir mewn pwrws yn y wlad hon.

MYNNWCH, HEFYD, EICH COPI O:

Llwynogod Môn ac Ysgrifau Eraill
Dafydd Wyn William   £1.70

Hynafiaethau Llandegai a Llanllechid
Ad-argraffiad
Hugh Derfel Hughes   £1.50 (clawr meddal)
                                      £2.50 (clawr caled)

Lein Bach y Penrhyn
J.K. Jones   £1.50

The Little Penrhyn Railway
J.K. Jones   £1.50

James Gresham and The Vacuum Railway Brake
Dr Colin A. Gresham   £2.00

CYHOEDDIADAU MEI
Penygroes . Caernarfon . Gwynedd